逃离美术馆

〔英〕詹姆斯·哈默-莫顿 著　FIX字幕侠 译

北京科学技术出版社

目　录

目录

序

密室逃脱行业还很"年轻"，但我感觉它似乎一直影响着我的生活。我创办的绝对密室公司开设了很多家密室体验店，设计了数以万计的实景密室，并因线上密室逃脱游戏而闻名全球。然而，几乎在所有新项目的起步阶段，我都会因为担心达不到上一个项目的水准而备感焦虑。我在创作这本书时的情况也差不多：一边为自己无法想出创意十足的谜题而极度恐慌，一边迫切地想听到读者对我过往作品的反馈。

我希望通过每章中层层深入的谜题营造出令人身临其境的密室逃脱氛围，同时呈现精彩纷呈的故事。这是绝对密室公司最乐于使用的作品呈现方式。

然而，事实证明，一个人坐在电脑前苦思冥想无益于创作，至少对我来说是这样的。因此，本书的大部分内容都源于我和我的同伴兼合伙人夏丽在酒吧里的畅谈。我们天马行空地抛出各自的想法，直到找出可用的。如果没有夏丽，你手中的这本书不会诞生。感谢她对每一个新想法都充满热情。她为这本书注入了魔力。

我的母亲朱迪始终是我最坚强的后盾。我对她所做的一切感激不尽。虽然言语无法完全表达我的感激之情，但我还是要说："谢谢您！"

还有很多人也参与了这本书的出版工作。如果没有凯蒂和达伦出色的设计，这本书将失去光彩；如果没有克里斯和他的编辑团队对我的作品一如既往的信任，这本书根本不会面世。克里斯的热情和乐观让整个出版过程都充满了欢乐。

希望你喜欢这本极具挑战性的、与众不同的密室逃脱书，希望它给你带来的是乐趣而非挫败感。记住，如果你被某道谜题难倒了，请休息一下，再读一遍这部分内容，也可以看看我提供的提示和攻略。按照你自己的节奏前进即可。

祝你玩得愉快！

引 言

这本书和你读过的任何一本解谜书都不一样，除非你读过我之前出版的"密室逃脱"系列的其他作品。

我创办的绝对密室公司的所有密室体验店和线上密室逃脱游戏都基于"维塞尔（Wexell）宇宙"构建而成。在本书的故事中，你将扮演亚当·帕金森（Adam Parkinson），揭开维塞尔公司——全球最大企业、亚当如今就职的公司——的神秘面纱。

在引言后面，我对本书的故事背景做了简要介绍。此外，在本书的某一章中，我为读过《夏洛克·福尔摩斯的密室逃脱游戏》的读者准备了彩蛋。

和我的其他作品一样，《逃离美术馆》没那么简单。本书的每一章都包含几个部分，每个部分都有一道主谜题，它由环环相扣的若干道小谜题组成。少数主谜题的答案与之前的主谜题有关，大多数主谜题则独立存在。请注意，为了解答书中的谜题，你需要跳出常规思维模式。

为了解开某个部分的主谜题，你需要从头到尾通读这一部分，找到重要线索。当页面中出现类似本页左下角的标识时，就表明当前部分已结束，你需要找到答案才能继续前进。看到这个标识时，别急着往下读——答案可能就在下一页！

你读完某个部分后，再读一遍，就知道自己要找的是什么——可能是一个词、一组表示日期或密码的数字，或者是一条通过数字和英文字母转换（转换规则为 1=A，2=B，以此类推）得到的信息。*

我就能继续前进。

每个部分需要你解答的主谜题显而易见，但小谜题的组合方式和解答顺序还需你多加思考。书中的文本能够引导你找到解谜所需的线索，但提

---

* 有时你可能需要通过查阅英语词典来理解答案中英语单词的意思。——编者注

示有时非常隐晦。可能某道小谜题的答案是一串数字，而另一道小谜题需要以这串数字为切入点才能解答。通常来说，你得到的每一道小谜题的答案都会作为解答另一道小谜题的线索指引你前进，但也可能某个部分的所有线索都直接与主谜题相关，你只有进行逻辑思考才能将其理顺。

综上所述，本书是由一系列谜题组成的环环相扣的解谜游戏书。

再说说本书附赠的《提示》。我为每一道谜题都提供了三类提示——简单提示、中度提示和深度提示。简单提示旨在给你一点儿启发——也许你知道接下来解开哪道小谜题就能顺利前进。中度提示能在你停滞不前时帮你一把。深度提示则会把你彻底拉出困惑的泥潭。这些提示是按照解谜顺序排列的，其中有与解谜顺序有关的线索。因而，提示是你前行的路标。不过，即便有提示，本书中的谜题也没有一道称得上简单。

慢慢来，别期待解谜过程会一帆风顺。遇到困难时，你可以休息一下再前进。给自己时间去充分理解每一部分的内容，这样你才会从解谜之旅中获得满足感。当然，本书也附赠了《攻略》供你参考。

我要说的最后一点是，有些谜题需要你动手才能解开。因此，我们提供了带有剪刀图标和虚线的插页供你使用。

祝你好运。

故事背景

　　亚当·帕金森回到家，发现自己家遭人闯入，他的邻居——亨利·菲尔丁（Henry Fielding）则遭到绑架。他根据线索一路追踪至维塞尔公司的办公大楼，将亨利从一间保安室中解救出来。随后，他们循着另一条线索来到乡间，走进了一座属于维塞尔公司的可疑小屋。

　　在那里，亚当和亨利发现了一个秘密的地下（也是水下）巢穴，随后闯入了一间放置着由 EROS 控制的巨型服务器的机房。EROS 是一个自我意识即将觉醒的人工智能体，它将亚当和亨利送到一座位于西班牙的图书馆。在图书馆里，他们发现了一处废墟，里面藏着维塞尔公司的惊天秘密——这家公司已经掌握了时空旅行的技术。

　　而后，亨利再次遭到绑架，亚当穿越时空前去营救，却震惊地发现亨利将入职维塞尔公司。至此，真相大白。维塞尔公司并非一家一心想要称霸世界的邪恶公司。事实上，维塞尔公司开明、包容并且乐善好施，还利用时空旅行技术帮助人类进步。维塞尔公司的领导者布拉德利·萨姆韦尔（Bradley Samwell）希望亚当加入公司……

序 幕

　　伦敦竟然有一条如此空旷的街道，真是太不可思议了，但我收到的信息指示我前往的地点正是这里。我的新上司米歇尔·萨姆韦尔（Michelle Samwell）是维塞尔公司的首席运营官，同时也是公司首席执行官的妻子。从她的言行来看，她似乎才是公司的实际控制人。她的丈夫布拉德利·萨姆韦尔负责把控科学研究进展，而正是这些科研的成果使得维塞尔公司处于现在的世界领先地位。维塞尔公司走在科技的最前沿，业务遍布全球，涉足领域极其广泛。

　　关于维塞尔公司的某些事依然让我难以置信。

　　在我与邻居亨利·菲尔丁一同执行了一项神秘的跨国调查任务后，我的记者生涯就成了过去式。由于怀疑维塞尔公司企图称霸世界，我对其展开了深入调查。与此同时，我发现了维塞尔公司真正的秘密——该公司掌握了时空旅行的技术。

　　我仍对自己亲眼所见的事物的真实性心存怀疑，大脑还在不停地思考维塞尔公司可能采取了哪些骗术。这一定是假的……这怎么可能是真的呢？无论如何，当维塞尔公司的这份工作摆在我面前时，我无法拒绝。这是我上班的第一天——准确地说，是第一个夜晚。

Ⓦ 亚当·帕金森

Ⓦ 亨利·菲尔丁

Wexell

追求卓越

亲爱的帕金森先生：

　　欢迎你成为维塞尔公司的一员，也请允许我对你迅速签署保密协议和工作合同表示衷心的感谢。你对这个项目的热情和你如猫般敏捷的反应能力同样宝贵。当然，我们不会把这个项目所需要的技术设备放在总部，毕竟光是这些设备的耗电量就会给我们带来一些棘手的问题。

　　我非常期待与你见面，时间定于下周一晚上 8 点，见面地点我将在当天以短信形式通知你。这是你退出的最后机会，因为你一旦被粘在我们的"蜘蛛网"上，就无处可逃了。不过，请不要害怕，我向你保证，维塞尔公司和我本人都像泰迪熊般温和。

　　当你到达见面地点时，请找到涂鸦作品旁的金属门。不过，蛋未孵出莫数鸡。别高兴得太早，你得好好动一番脑筋才能进门。

M. Samwell

米歇尔·萨姆韦尔
维塞尔公司首席运营官

在答应为维塞尔公司工作的第二天，我收到了这封信，现在是周一晚上8点。

在我面前的就是信中提到的金属门。正如信中所言，它旁边有一幅涂鸦作品。我停下脚步，仔细观察了一番。涂鸦作品中似乎有各种各样的动物。我迅速走到门前，在看到门上的密码键盘时停下了脚步。

难道我应该知道密码？鉴于我破解维塞尔公司密码的丰富经验，我认为密码是四个数字，可能与涂鸦作品有关。还有其他有用的信息吗？信中有关于下一步该怎么做的线索吗？我瞥了一眼信纸，笑了。小菜一碟。密码显而易见。

只要知道四个数字及其输入顺序，**我就能继续前进。**

简单提示：《提示》第1页
中度提示：《提示》第4页
深度提示：《提示》第7页
完整攻略：《攻略》第1页

第一章

古埃及

我轻轻地将门推开一条缝，门发出了吱呀的响声。通过门缝，我只能看到一片白色。我缓缓地将门推开，眼前这个巨大的房间的色彩单调至极。采用这种朴素到极致的装修风格显然是为了避免人的注意力被房间内的其他东西干扰。这里是一座美术馆吗？

这里与我刚走过的那条阴森的小巷截然不同——房间宽敞，并被明确地分为六个部分。墙上都装点着画，地上摆放着一些玻璃展柜，它们和整个房间比起来显得很小。

正当我四处张望时，我的新上司米歇尔·萨姆韦尔穿着一套无可挑剔的西装大步走了过来。

"帕金森先生。"

"萨姆韦尔女士。"我笨拙地鞠了个躬。这样做是不是太正式了？

"叫我米歇尔就好。"她笑了笑，"喜欢你看到的东西吗？"

"我不太了解我看到的这些东西。"

"不如简单参观一下吧。"她提议道，然后后退几步并示意我跟着她。"我们所在的是被维塞尔公司称为'秘密美术馆'的地方。这里有来自世界各地的艺术品，其中一部分是合法获取的真品，其他的是完美的复制品。所有艺术品按照与其相关的时代分别放置于六个区域。"

我环顾四周，敬畏之心油然而生。这些艺术品肯定价值不菲，尽管以维塞尔公司拥有的资源来看，拥有这些艺术品并不那么出人意料，但还是让我惊叹不已。

"关于我们如何获得以及为何展出这些艺术品，你一定有很多疑问，但这些可以稍后再聊。现在，请暂且将这座奇迹般的美术馆作为你的游乐场。"米歇尔清晰且熟练地介绍道。她说话时的抑扬顿挫表明这段话已经过多次演练。

"我听说你已经使用过我们的专利设备了。"

"专、专利设备？"我结结巴巴地问，仍然不确定我几周前的亲身经历是否真实。

"时空旅行设备。"米歇尔解释道。

我对维塞尔公司的了解有限，但无法否认亲眼所见的事实。维塞尔公司运用某种技术发明了一种穿越时空的方法——使用该公司提供的时空旅行设备，借助与某时空相关的东西穿越到该时空。我依然觉得这很疯狂，但米歇尔似乎对此深信不疑。

"现在你明白自己为什么在这里了吧？"米歇尔问道。

我脑中闪过无数可能的答案。我明白了！这座美术馆里摆满了与不同时代相关

的艺术品。

"是艺术品！艺术品可以让一个人和某一特定的时空产生联系，即使他没有在那个时空生活过。"

"完全正确。"米歇尔说道，"艺术品可以让人与某人或某物产生实实在在的联系。那么，在几千年的岁月变迁中，有什么留存下来了呢？"

"还是艺术品。艺术品可以让我们了解艺术家所在的时空。所以，你让我来这儿是为什么？通过艺术品去某个时代或某个地方吗？"

"回答正确。"

"为何要去呢？"

"以后有时间我会回答这个问题。我们先来看看你能否让它正常工作。"

"它？"

米歇尔拿出一只耳机。它被装在一个闪亮的白色方盒子里，盒子里还铺着柔软的红色天鹅绒内衬。这简直是每个科技爱好者都梦寐以求的耳机盒。

"戴上这个。它能够在你周围创造一个场，它的工作原理与我们的其他时空旅行设备相同。它足够小，让人难以察觉它的存在；同时它续航时间长，足以支持你往返一趟。你踏上旅程之后将无法与我联系，所以你只能靠自己。"

我伸手把耳机从天鹅绒内衬上取下，心中仍有疑惑："为什么是我？你对整个项目了解更多，为何不亲自去？"

米歇尔笑了："历史……并不总是善待我这样的人。"

"这个要怎么操作？"

"我们将进入美术馆的某一展区，你需要观察其中的艺术品，找到隐含在它们中的信息，获得穿越时空所需的口令。"

"口令？它将带我前往和这一展区的艺术品相关的某时某地，对吗？"

"没错。在心中反复默念口令，你就能去该去的时空。"

"我到那里之后要做什么？"我问道。

"恐怕我不能告诉你。"

"为什么……"

"因为我也不知道。"米歇尔坦言道，"你

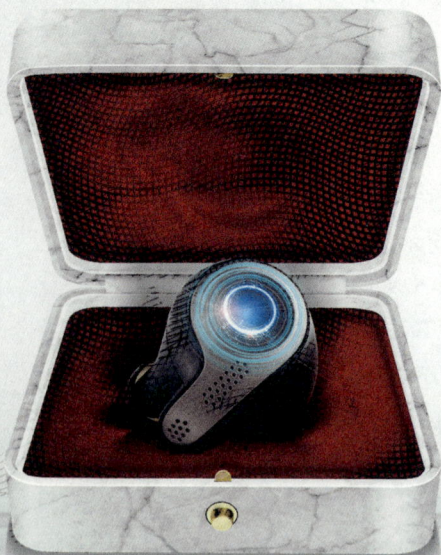

是第一个尝试的人，而且不同时空之间有某种我们目前尚不清楚的联系。我只知道，要踏上归途，你需要在那里发现事物之间的联系，找到另一个口令。"

我深吸一口气，意识到无论口令是什么，找到它都是我能返回的唯一手段，如果找不到口令，我可能会永远被困在那里。我低头看了看耳机，轻轻地把它塞进了右耳。

"还有一件事。"米歇尔走近一步，语气透着不祥的意味。"耳机是通过电池供能的，并且采用了最新技术。然而，由于需要识别口令，它时刻处于开启状态，因此会不断消耗电量。在任一时空，你如果不能在耳机电量耗尽之前找到口令，将无法返回。"

"永远？"

米歇尔严肃地点了点头，似乎有一丝犹豫，好像在思考自己是不是说得太多了。而我则怀疑她并未说出全部实情。她隐瞒了什么？

"好吧，那我先去哪儿？"我问道。

米歇尔笑了笑，把我带到美术馆中离门最近的展区。"你的古埃及语水平如何？"她开玩笑地问。至少，我希望她是在开玩笑。

古埃及 ➤

IVTUT

展区中放着一具巨大的木乃伊棺，木乃伊棺旁边的墙上挂着一块标识牌，上面写着"IVTUT"，我猜那可能是棺中木乃伊的名字。木乃伊棺整体颇有气势，中下部的图案令我格外感兴趣。图案的一些部分似乎被古埃及人特意涂成了白色，他们为何要花费时间绘制如此精美的图案，然后又涂抹它？

观赏完木乃伊棺，我看向旁边的墙壁。上面挂着很多块刻有象形文字的板子，非常壮观。我看不懂板子上的文字，或许只有熟悉罗塞塔石碑的人才能解读它们。尽管如此，这些板子极具美感，我细细端详，渴望读懂上面的文字。

有一件不寻常的东西尤为引人注目——一幅古埃及地图。它与常见的地图截然不同，上面遍布图案。从某些方面来看，这幅地图似乎是真品——在我这个外行人看来，它似乎是画在莎草纸上的，但上面的图案与这个展区的其他艺术品上面的图案大相径庭。因此，我开始怀疑它的真实性。

"这是真品吗？"我问道。

米歇尔迎向我的目光，似乎看穿了我的心思，开口道："据我们所知，是的，但是……"她耸了耸肩。我点点头，看来她和我一样困惑。

我将目光移至下一件同样挂在墙上的展品。它看起来像是被古埃及人视作圣物的圣甲虫护身符。它上面涂有黑色和白色的颜料：黑色颜料将它的下半部分分为六块，而白色颜料画的箭头将其中的四块连了起来。现在我敢肯定，这些箭头绝非古埃及人的手笔，而是专门为我添加的。

最后一件展品是备受古埃及人崇拜的一种动物——黑猫的雕像。它的侧面有一些明显的图案，中间有一个"×"。这些隐含着什么信息？

米歇尔自豪地瞥了一眼这件展品，然后靠近我说："是不是很震撼？"

"这还用说吗？"

"我们需要你确定具体的时间和地点。你只需要解开这组艺术品所含的谜题，就能得到一个年份——我们猜测是公元前的某一年——以及一个地名。你找到这两条信息后，请在心中不停地默念它们。"

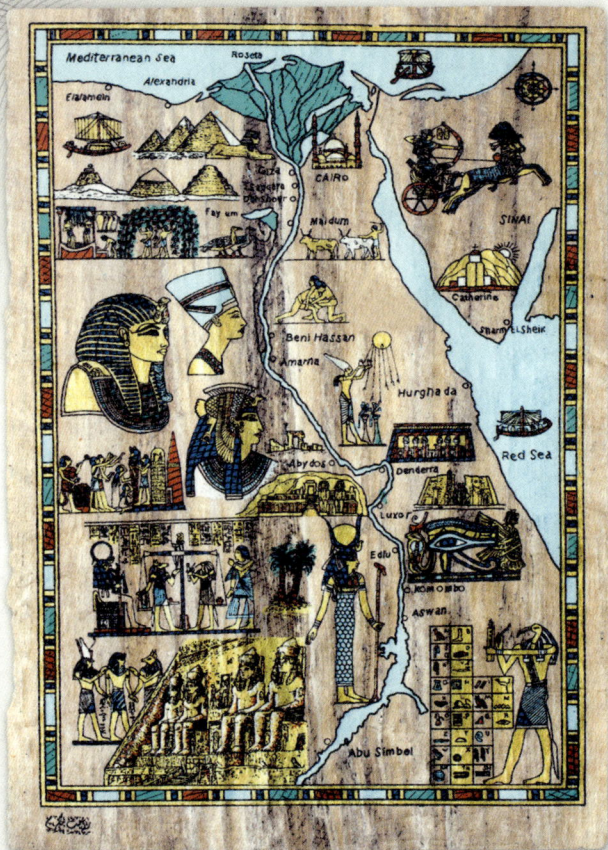

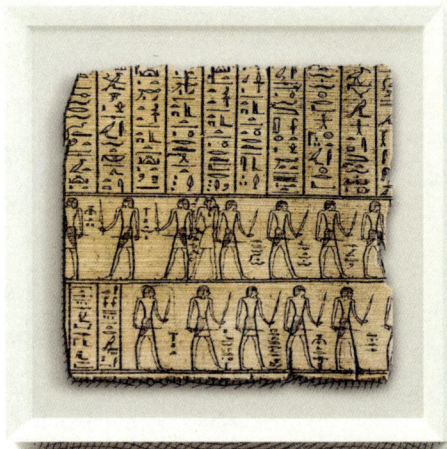

只要从这些展品中找到一个年份和一个地名，

我就能继续前进。

简单提示：《提示》第1页
中度提示：《提示》第4页
深度提示：《提示》第7页
完整攻略：《攻略》第1页

"公元前 1323 年，开罗（Cairo）。"我喃喃自语。

"你找到了地名……还有年份？公元前 1323 年，正是法老图坦卡蒙去世的年份！"米歇尔兴奋地喊出了声，并且按下了隐藏在白色盒子侧面的一个按钮。

一阵剧痛从我的耳朵蔓延至全身。

"这是怎么回事？"我大声喊叫。我的耳朵正被一种令人难以忍受的声音震得嗡嗡作响，并且显然这个声音只有我能听到。

"我启动了耳机。"

"你没告诉我会这么疼。"

"别像孩子似的。一会儿见。"

"就这样？"我尖叫起来，紧闭双眼试图抵御疼痛。"就没有其他提示吗？"

"到目前为止是的。记住，你时间有限。千万不要改变过去，否则……"

米歇尔的声音渐渐消失，一切归于令人放松的宁静，但随即不安感向我袭来。否则什么?！我睁开眼睛，担心自己已经被时空旅行设备震聋了。我的担心是多余的。我已经不在美术馆里了，而身处一间尘土飞扬的石室中，唯一的窗户上罩着一块破烂不堪的红布，裹挟着大量黄沙的风从窗户涌了进来。我在古埃及！我猜这里是公元前 1323 年的开罗。有人正冲着我大喊大叫。

"Peramut nesut！"* 我听到的单词发音近似于这两个词，但说实话，并不是非常准确。这是一种我从未接触过的语言。我不是语言学家，所以想弄明白这里的人在说什么必须依靠逻辑推理。

我抬起头，看到一个穿着长袍的男人正朝我打手势。他的表情半是害怕，半是愤怒。这一切真是一个巨大的错误。我为什么要来到这个我一无所知的时空？我要怎么搞清楚自己为什么来到这里，以及为什么突然有人走进石室？

来人说得越多，我就越困惑，这导致我渐渐失去了信心，

---

* 发音与古埃及语中"法老的宫殿"的发音相似。——编者注

也使得当下的气氛越发紧张。我快速地环顾四周，在我面前的正是我在美术馆中看到的那座黑猫雕像。那么，是它将我带到这儿的？我该怎么回去呢？我又该怎么摆脱当下的困境呢？

两个手持长矛的矮个子男人走过来，迅速抓住我的胳膊，将我带离石室，带到一座明亮且美轮美奂的庭院。一瞬间，阳光刺得我睁不开眼，闷热的天气也令我几乎窒息。等眼睛适应光线后，我看到了此前只在明信片上见过的建筑：吉萨金字塔群。

遗憾的是，我的观光时间转瞬即逝。我被粗暴地推进了一座建筑，它的天花板极矮。在一名守卫人员推我通过窄小门洞的过程中，我的额头撞到了天花板。除了原本的麻烦，我现在头很痛，还感觉到有血流进了眼睛。

"这接待服务真是五星级的。"我喃喃自语。守卫人员困惑又警惕地看了我一眼。

这个时代的人不可能听懂我说的话。一扇大门在我身后轰然关闭。我想，这就是他们面对突发事件的临时应对办法：监禁我。我转过身，看到了一些比真正的金字塔更令我瞠目结舌的东西。它们是写在墙上的一些文字——竟然是用我熟悉的语言写的！

墙上短短的三句话包含了很多值得我思考的东西。我还没来得及反复咀嚼，一个穿着浅色长裙的女人端着一大

亲爱的时空旅行者：

　　不要影响未来。

　　请留意我的数字—字母口令。

——萨伦

盆水，拿着一块布走了进来。她说着我无法听懂的语言——估计是古埃及语。我对现代埃及的官方语言——阿拉伯语一无所知，更别说古埃及语了。我耸了耸肩，摇了摇头，希望她能明白我的意思。她沉默了，上下打量着我，然后把布浸到水中。

门开着，我的脑海中闪过一个乘机逃跑的念头。然而……我能逃到哪儿去呢？我现在头痛欲裂，那个女人将布贴近我的头。我本能地往后缩了一下，但看到她和善的笑容，便任由她继续。她在帮我处理伤口，我很想感谢她，但不知该怎么说，所以只是点点头，以微笑表示感谢。

等她处理完我的伤口，我回头看了看墙壁，发现那段与时下环境格格不入的"外语"旁有一个由象形文字排列成的方阵。我无法理解方阵中的象形文字，但它们应该不是对那段"外语"的翻译，那它们有什么含义呢？

这位名叫萨伦（Saren）的人留下的信息……是给我的吗？是给我的吧？这里不可能同时出现多名时空旅行者吧。

"请留意我的数字–字母口令？"我嘟囔着，"我确实需要口令。"

　　等我转回头，眼前的女人目瞪口呆地看着我。"你会说英语？"她结结巴巴地问道。

　　"你竟然会说英语？"我震惊地反问。

　　"是萨伦教我的。"她说。

又是萨伦。我突然明白是怎么回事了。这个名叫萨伦的现代人曾经到过这里，遇到了这个女人并且教了她我们的语言。他对历史的进程一定造成了影响，那他为什么告诉我不要影响未来呢？

"我是奈芙蒂斯（Nephthys），"女人说，"我猜你来自另一个时空。"

我点了点头，惊讶于她能如此快速地做出判断。我曾想象过，如果不得不与过去的人交流，我将很难说服他们相信我来自未来。奈芙蒂斯似乎比我更了解我的处境。

"那你能看懂英文吗？"我问。

"不能。通过对话学习语言要容易得多。"

"你知道我为什么会来这儿吗？"

"我不知道，但萨伦告诉我会有人来，所以我没有擦掉墙壁上的文字。"

"他提到了数字−字母口令。你知道那是什么吗？"

"不知道。"

"他教你说英语是因为他知道你会遇到我？"

"萨伦说你会帮助我们。你是医生吗？"奈芙蒂斯兴奋地问道。

"很抱歉，我不是。"

"那你为什么来这里？"

"其实，我也不知道。也许是为了找到一些东西来帮助我生活的时空中的人。"

奈芙蒂斯满脸困惑，不再开口。她尽管无法理解我说的事情，但还是决定助我一臂之力。"你先随便看看，我会帮你离开这里。"

奈芙蒂斯离开后，我环视房间内部，发现通过一扇窗户可以看到外面的大金字塔。窗户左边的墙壁上画着一座由八排方格组成的"金字塔"。部分方格中有阿拉伯数字和像计数符号的划痕。

我还没来得及仔细看，奈芙蒂斯就回来了。她在门口叫我。

"快点儿出来。"

"我们要去哪儿？"

"去庭院。有些东西你一定要看看。萨伦说你应该这样做。"

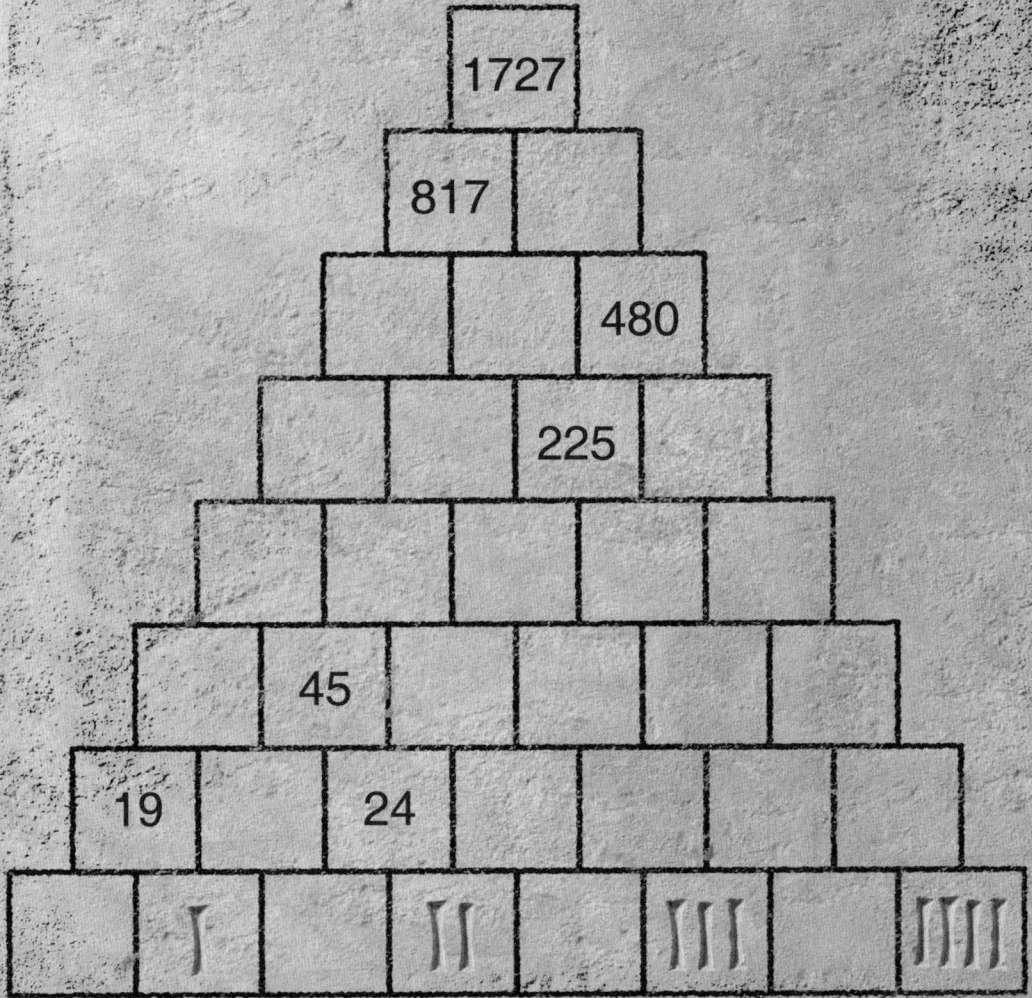

1727

817

480

225

45

19   24

　　离开监禁我的房间，我再次被眼前的景色所震撼。庭院里有一个大型水池，再远些是金字塔。我们周围到处都是镶满珠宝的雕像，雕像旁边是几座高高的方尖碑。方尖碑的高度和上面雕刻的图案各不相同，每座方尖碑都立于水池中。在烈日下，它们倒映在清澈的水面上，闪闪发亮。

　　周围的景物尽显奢华气息，我突然明白了其中的缘由。

　　"这里的主人非常富有，对吗？"

"无与伦比的富有。抓你的人是法老图坦卡蒙的卫兵。"

我对这个时代知之甚少，但法老图坦卡蒙听起来是个大人物。

"今年是几几年？萨伦告诉我你们都是倒着计数的。"

"其实，只有在……当下是这样的。"

"你是来救法老的吗？他生病了。"奈芙蒂斯的眼中充满担忧之色。

我随手拍落停在我胳膊上的蚊子，并且注意到水池边传来不绝于耳的嗡嗡声。我突然意识到法老可能染上了疟疾之类的疾病。即便事实如此，我也无能为力。说实话，这里的很多事情我都帮不上忙。

"他已经病了一段时间，最近病情又恶化了。"奈芙蒂斯继续说道，"法老得的病就像瘟疫一样。每天都有许多人病倒，这一带的大部分人都生病了。"

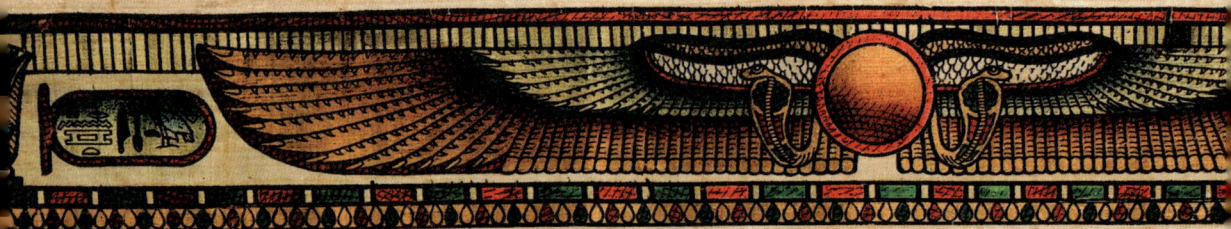

这座古老城市带给我的浪漫之感瞬间烟消云散。尽管这里的文明在这个时代已经非常先进，但它的科技和医疗水平仍很有限，人极易受到各种疾病的侵袭，这是我从来没有经历过的。

我环顾四周，惊叹于古埃及人在资源有限的情况下所取得的成就。我身后的两根柱子之间挂着一块巨大的挂毯，上面有一些象形文字。我猜这些文字是在描述周边环境，特别是方尖碑。挂毯左侧向上的箭头似乎是在提示我如何解读方尖碑隐藏的信息，但解读方尖碑的目的是什么？

我还剩多少时间来找口令？我知道时间紧迫，需要集中精力。我必须用从这里获得的信息推理出萨伦想传递给我的消息。说不定他提到的数字–字母口令就是我回去所需的口令。

只要找到其中隐藏的词，

我就能继续前进。

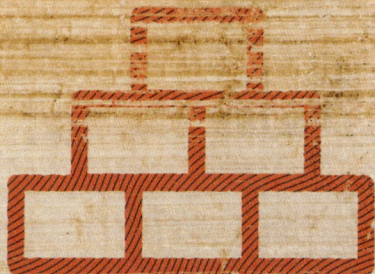

简单提示：《提示》第1页
中度提示：《提示》第4页
深度提示：《提示》第7页
完整攻略：《攻略》第1页

奈芙蒂斯？这不是我的新朋友的名字吗？为什么数字金字塔中隐藏着她的名字？我凑近仔细看，在窗户边沿、数字金字塔边上又发现了一些几乎难以察觉的标记，那是八个象形文字。我差点儿没注意到它们。我招呼奈芙蒂斯过来。既然数字金字塔中隐藏着她的名字，那么这些文字一定是给她看的。

"你找到了什么？"她问道。

"你来看看。"

在我看来这些只是图形和符号，还有几条腿和几只鸟，可奈芙蒂斯似乎倍感惊讶，她倒吸了一口凉气。

"这是个警告。"她说。

"什么意思？"

"这像是一个词，意思是——"她试图找出最准确的词好让我明白，"灾难。"

灾难。这个词如同一道闪电在我脑海中劈过，令我头痛欲裂。是耳机！我感受到了与之前默念"公元前1323年，开罗"时相同的感觉。"灾难"就是能让我回去的口令。

"奈芙蒂斯，谢谢你。"

"不客气。"

"很高兴遇到你。"

"你要走了吗？"她关切地看着我问道。

"恐怕是的。我需要你承诺一件事。"

"承诺？"

"承诺是指你答应我你会做某件事，然后不惜一切代价做到这件事。"

"好的，我会的。"

"我还没说是什么事呢。"

"萨伦让我相信所有像他一样的人。"

"好吧。我需要你承诺不再提起我或者萨伦。"

"为什么？"

"我只需要你做到这一点，好吗？"

"好吧，我答应你。你在这里该做的事都做完了吗？"

"我想是的。但我仍一头雾水。"

"我也是。祝你好运。"

我对奈芙蒂斯笑了笑。我不知道信守诺言对她是否像对我以及整个世界的未来一样重要，但希望她能够做到。我必须尽力避免影响未来。这是萨伦向我传递的信息，我意识到这样做不仅仅是为了我自己。

"灾难"是什么意思？

一想到这个词，我的头就感觉到一阵又一阵的冲击。灾难！疼痛袭来，迫使我闭上眼睛，周围的空气陡然变冷。

"……宇宙会找到方法自行调整。"米歇尔的声音令人平静，也让我感到异常震惊。我睁开眼睛。似乎那段给我留下深刻印象的冒险时光，在这个时空不过是弹指之间。

"你还好吗？"她问道，语气比之前更为关切。

"我回来了。"我脱口而出。

"我都没觉察到你离开过。感觉怎么样？"

"我离开了将近一小时。我真的回到了过去！那真是……令人大开眼界。"

"你找到了什么？那里有什么？"

"我想我去那里是为了带回来一个词——'灾难'。"说出这个词的时候我不禁颤抖了一下。我想得越多，不祥的预感就越强烈。"为什么萨伦要提到灾难？"

"萨伦是谁？"

我意识到有很多事情需要解释，于是简单地向米歇尔描述了我前往法老图坦卡蒙所在时代的穿越之旅，包括奈芙蒂斯和她那一口令人惊讶的英语。当然，还有我找到的口令——"灾难"。米歇尔沉默了好一会儿，然后动了起来。

"跟我来，请把你的耳机给我。"米歇尔说道。

她从衣服口袋里掏出一副橡胶手套并戴好。从我的手中接过耳机时，她小心翼翼地与我保持了一定的距离。斜穿过整座美术馆时，我瞥见了美术馆里的其他艺术品——它们可能促成我未来的冒险之旅。可惜我此时脑子乱成一团，无暇顾及其他。米歇尔把对讲机举到嘴边开始说话。

"苏塔（Soutar）医生，情况紧急。希望你已经准备好了。帕金森先生可能有些问题需要你处理。请做好准备，代码为5。"

这听起来比"灾难"一词更为不祥。米歇尔把对讲机别回腰上，随后迅速从衣服内侧口袋中掏出一个口罩戴上。她动作匆忙到甚至没有完全佩戴好口罩。我不得不加快脚步跟上她。显然，她担心我会对她的安全造成威胁，这一点让我惶恐不安。

"出什么事了？"我问道。

"一切正常。这只是预防措施，我还需要给耳机充电。"她背对着我回答道，脚步没有丝毫停顿。

这座巨大的美术馆的角落里有一扇不起眼的门。我们走到门前，米歇尔猛地将门推开，甚至都没有停下来帮我扶住门。我跟着进门后，看到一个穿着黄色生化防护服的人。我惊恐地放慢了脚步，但那个人招手示意我赶紧过去。

"亚当，这位是苏塔医生。他会在你穿越时空之后检查你的身体。这是标准流程。"

"我不是第一个尝试穿越时空的人吗？"

"是的……但这就是标准流程。"

米歇尔快步走进旁边的房间。我经过房间门口时，看到她正在用消毒湿巾擦拭耳机。她全神贯注，眼睛从未离开手头的工作。苏塔医生戴着防毒面具的脸并没有给我带来任何安慰，他对我说的第一句话在我听来也不怎么悦耳。

"进来把衣服脱了。我要取样。"

"我不能先吃点儿东西吗？"

"你很有想法。检查结束后，我们会为你提供晚餐。"苏塔医生不耐烦地对我说。

他将我带入一间白色的无菌室，里面摆满了各种各样的

设备，就像是医院的某个科室被搬到了这个完全不相干的地方。尽管有一张床和一张长长的桌子，但这里更像是一间实验室而非病房。苏塔医生径直走到桌子前，从密封包装袋中取出一支注射器。

"你在这里工作很久了吗？"我尝试聊些天气以外的话题作为开场白。

"实际上，我是为了项目特意被调过来的。"

"什么项目？"

"我想这点你比我更清楚，亚当。"

苏塔医生没有拘礼，直呼我的名字，这让我莫名感到亲切。在这样紧张的气氛下，这对我来说也算一丝安慰，或许他这样做就是为了让我安心。突然，一台机器发出了一声尖锐的嗡鸣。

"机器都已准备就绪，我要开始取样了。"他边说边将一支注射器举到半空中。

取样准备的完善程度和时间安排真让我大开眼界，我毫不怀疑他是他所在领域的佼佼者。坦白来说，以维塞尔公司雄厚的资金，支付给他的酬劳不过是九牛一毛。这让我想起报到前几天被要求做的体检。当时我被抽了血。我的手臂被快速地刺了一下，我几乎没有疼痛感，但仍忍不住移开目光。我不得不承认，害怕抽血却愿意进行时空旅行听起来很奇怪。不过，让我感到不舒服的并非血液本身，而是我一想到抽血就浑身不自在。

"你觉得'灾难'是什么？"医生冷不丁地发问。我转过身来看着他，但隔着防毒面具，我几乎看不见他的脸。

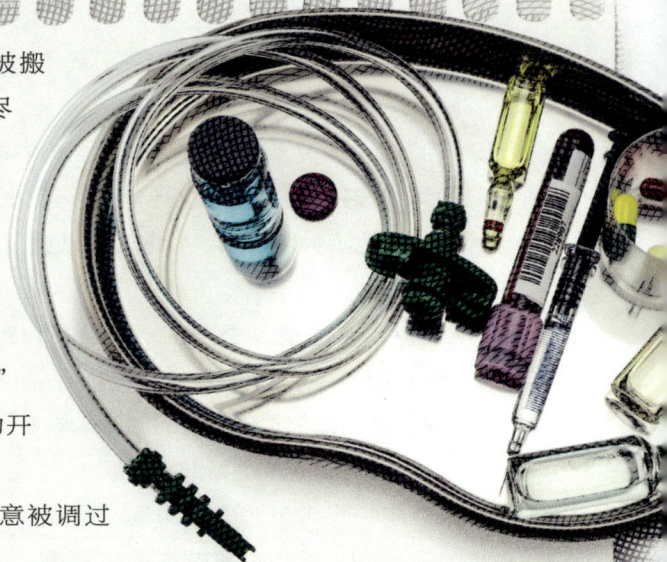

"我无意间听到了这个词。"他解释道。

"你为什么要问这个？"

"这是一种分散注意力的常用办法，这样你就不会注意到我在你的胳膊上做了什么。"说话间，针头已经被医生抽了出来，分散注意力的方法奏效了。"现在，我要对你进行进一步检查。请脱下剩余的衣物，喝了它，然后趴在床上。"他说着指了指桌上一杯类似于橙汁的液体。桌子有一部分被帘子遮住了。

我只得听他的。身下这张床冰冷刺骨，饮料显然是在我进来之前刚从冰箱里拿出来的，这简直是雪上加霜。赤裸的胸膛直接贴在冰冷的床上让我很难受。医生立即着手检查我的胳膊和腿，仔细检查我的皮肤，似乎在看是否有伤口。

"我的右胳膊差点儿被蚊子叮了，这条信息对你有帮助吗？"我主动说。

"很有帮助，谢谢。"医生回答道，语气变得友好了一些。

"所以，你到底在检查什么？"

医生踌躇了。

"患任何传染病的潜在风险。"一个声音从门口传来。米歇尔来了。尽管我身处帘子后面，但她的出现还是让没穿衣服的我感到尴尬。

医生解释说："在不同时空旅行有潜在的风险。你不仅可能染上某种早已绝迹的古老疾病，还可能将它传播到其他时空。想象一下，如果把某种新型疾病带到一个没有能力应对它的时代或地方会发生什么。"

"我现在有危险吗？"我问道。我浑身颤抖，也许是因为寒冷，但更可能是因为这条信息，我觉得我应该在旅行前就获知这条信息。

　　"没有。"医生回答道，"你在其他时空死于某种疾病的可能性远大于将我们无法应对的疾病带回来的可能性，但我们依然要小心。"

　　"当然……我理解。"这是我听过的最不能抚慰人心的"安慰"了。

　　"灾难，"米歇尔突然开口，"你觉得这是什么意思？"

　　我踌躇了一下，不确定能否在医生面前畅所欲言。米歇尔察觉到了我的犹豫。

　　"不用介意苏塔医生。他享有最高知情权。"她停顿了一下，"我得暂时离开一会儿，去向老板汇报最新情况。你和他在一起没问题吧？"

　　"没问题。"我说。

　　"我是在跟苏塔医生说。"

　　"没问题，一会儿见，米歇尔。"苏塔医生热情地回答道。

　　我听到米歇尔的脚步声在走廊里回荡。不多时，检查结束了，医生递给我一个小杯子，然后指了指角落里的一间小型厕所。

　　"麻烦快一点儿。"医生说道，而我正走过去准备用小杯子接尿。

　　"我们要赶时间吗？"

　　"从某种程度上讲是的。"

　　尽管有些害羞，但我还是成功接了尿，然后将尿杯递给医生。

　　"为什么？"我问道。可能刚刚从床上起身太快了，我觉得有些头晕。

　　"在我检测样本时，你需要休息一下。请穿上那个。"他指了指床，上面放着一件看起来很舒适的蓝色病号服。从某种意义上说，这件病号服让我感到放松，因为我终于可以穿上衣服了。然而，我又担心这是为某项手术做的准备。

　　"我感觉头晕。"我说道，随即后悔不该这么快就承认头晕。

　　"请穿上它。"

　　我照做了，感觉越来越晕。"怎么回事？"

　　"是橙汁里的镇静剂起效了。不必担心，你只需要休息。"

　　"我……但我……"我竭力想把话说完。

　　当我晕倒时，医生扶住了我，将我轻轻地放到床上。我闭上眼睛，不再挣扎。

第二章

维多利亚时代的英国

我从睡梦中猛然惊醒，一部分原因是，无论我喝下去的是何种药物，我的身体一直在对抗它；另一部分原因是，我讨厌在不知情的情况下被下药，因此睡得不太踏实。现在我周围一个人也没有，我看到床尾有一台平板电脑，于是起身把它拿过来。我仍有些头晕，但能看出屏幕上显示的是一份检测报告，其中每一项检测的结果都是"阴性"。

这真让我松了一口气，但我的"轻松时刻"是短暂的。苏塔医生回来了，他依然全副武装。

医疗记录

亚当·帕金森

设置
履历
文件
日志
更多 》

疟疾 阴性

伤寒 阴性

腺鼠疫 阴性

黄热病 阴性

84%

"很抱歉让你受惊了。萨姆韦尔女士以为你不会那么快回来，所以我们没做好准备。"他解释道。

"可你已经穿上生化防护服了。"

"你是说这破玩意儿？这只是我随便套上的。"

"这份报告显示我的检测结果都为阴性。那你为什么还穿着它？"

医生沉默了。我很难透过防毒面具看到他的表情。

"医生不是该让患者安心吗？"

"这份报告足以让你安心。这么说吧，我们只是在为你的下一次时空旅行做准备。现在，我想告诉你的是，萨姆韦尔女士在等你。"

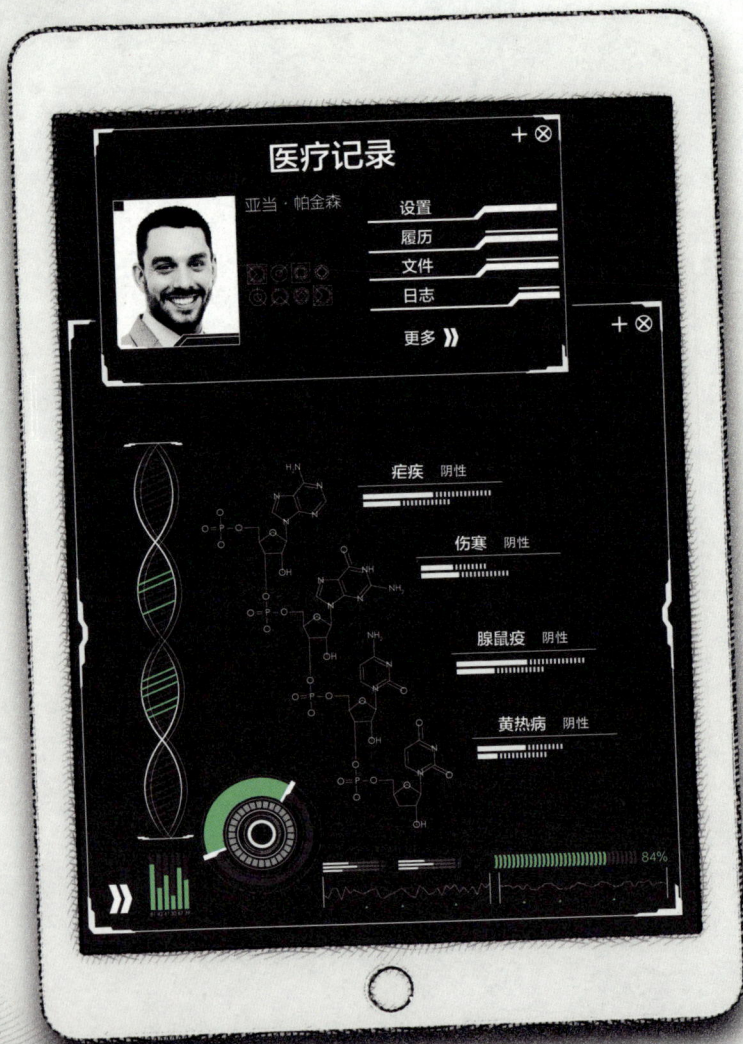

"我能先洗个澡吗？"

"当然。那里就是浴室。"

他指了指床尾的一扇门，我走了过去。尽管我觉得洗澡这件事并不必要，但出于对传染病的恐惧，我想把自己清理干净。

洗完澡，我换上了一身新衣服。这身衣服样式简单、毫无特色，似乎是设计者有意这样设计的。我注意到衣服不是用合成纤维面料制作的，上面也没有纽扣或拉链。这合情合理，公司试图让我在访问其他时空时不至于显得那么与众不同。我真希望在第一次时空旅行时就穿着这身衣服。不过在古埃及，无论我穿什么都会显得格格不入。

医生给我指了指出去的路。我大步走回美术馆的展区，试图表现得自信满满。我看到米歇尔站在古埃及展区对面的展区，正仔细阅读着手中的文件。

"欢迎回来。"她头也不抬地说道。我并不期待什么大张旗鼓的欢迎仪式，但毕竟刚从三千年前回来，总该得到祝贺吧。

"我接下来要去哪儿？"

米歇尔转向我，笑了笑。"我很欣赏你的积极态度。看看这个展区。对了，我想你需要这个。"

米歇尔把耳机递给我。它已经充满了电，随时可以使用。我再次将它放到耳中，开始观察这个展区。

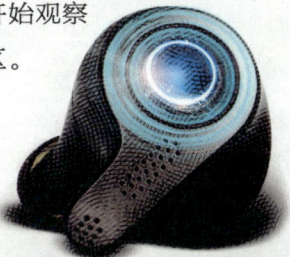

第二个展区的展品比第一个展区的只多不少，并且摆放得更为拥挤。墙上五花八门的时钟让我眼花缭乱，每个时钟显示的时间都不一样。

米歇尔跟着我："无论我们做什么，都无法使这些时钟的指针动起来。"

米歇尔指了指时钟旁边的一幅伦敦某地区的地图。它看起来很旧，上面标有一些街道名称。

"看来我的下一个目的地是伦敦。"我说道。

"我认为可能要更具体一些。或许你要去的地方是这幅伦敦地图上某个具体的地点，比如某条街道。遗憾的是，这幅地图过于破旧，上面有些街道的名称并非全称。不过，对你这样能力出众的人来说，找到目的地应该不成问题。"

"谢谢夸奖。"

如果我能找到一个与地图上某条街道的名称部分对应的单词，就说明我的思路是正确的。

接下来，我仔细观察这个展区内的一系列艺术品。其中一幅画画的是一个男人站在一幅画前面，如幽灵般的女人正从画中浮现。这意味着什么？有什么东西要从画中跳出来？我这样解读是否过于简单？

47

　　这幅画旁边还有其他艺术品，它们看起来都有很高的艺术价值。我一一
欣赏着这里的展品。

　　这个展区里的最后一件展品是一件精美的瓷盘。上面的图案很不寻常，
似乎暗示了什么。

简单提示：《提示》第1页
中度提示：《提示》第4页
深度提示：《提示》第8页
完整攻略：《攻略》第3页

只要确定了要前往的街道名称和年份，

我就能继续前进。

"1894年，伦敦，塔维斯托克街（Tavistock）？"

一道闪光击中我的身体，我感到一阵剧痛，随后被送到了一个寒冷的地方。这里此时是夜晚，路灯发出的柔光驱散了黑暗。我现在一定是在1894年的伦敦。

"嘿，你从哪儿来？"我身后传来一个男人的喊声。

我转过身去，不知道该说什么，最终选择了沉默。

"不说也没关系。"那个男人继续说道，"你可能是我见过的最奇怪的人，但老实说，我一直在等你。"

"你一直在等我？"

"是你的朋友派我来的。"

我的眼睛逐渐适应了昏暗的环境，我终于看清了那个男人的模样。他皮肤苍白，戴着一顶礼帽，身穿一件黑色长大衣。

"是萨伦派你来的？"

"谁？"男人问道。

"我的朋友。怎么了，你所说的我的朋友是谁？"

"当然是艾登（Aiden）。"

"啊，对，是艾登。"我紧张地点了点头。我人生地不熟的，顺着他的话说应该是最安全的做法。"他在这儿吗？"

"不在，他离开很久了。但他说你会在这个时间来到这里，并且帮助我。"

"帮助你？帮助你做什么？我需要知道……艾登做了什么。"

"这样吧，先生……你帮我一个小忙，我就告诉你。"

我别无选择。我注意到街道上弥漫着恶臭，周围的环境十分肮脏。这让我更有理由跟这个男人走，至少他看起来期待我的到来。我会遇到危险吗？开膛手杰克确实生活在

19 世纪 90 年代前后的伦敦，但我无法确定自己现在是否恰巧处于他频繁活动的时空。走在我前面的男人拎着一个鼓鼓囊囊的医生包。那里面装的会不会是一些令人毛骨悚然的东西？最后，我认为既然萨伦（他在这里改名为艾登了）已经成功地帮助我完成了古埃及之旅，那么现在我必须再次信任他。

"好吧，你需要我做什么？"我叹了口气。

那个男人带着我沿街道往前走，拐过几个弯后来到一所警察局前。我的心一沉。他不会让我干什么违法的事吧？那个男人拉开医生包，把手伸了进去。我立即进入戒备状态，时刻准备逃跑。在陌生的时间和地方，与陌生人在一起，出现这种本能的或战或逃反应是合乎常理的。然而，他拿出了一个蛋糕。

"我需要你把这个蛋糕送给被关押在这里的我的同伴。"那个男人说道。

"你为什么不自己去送？"

"我会被警员认出来，因此我需要一张新面孔去做这件事。"

"我连你的名字都不知道。"

"我叫吉米（Jimmy）。但这个名字可能是我胡诌的。"

"我叫亚当……帕金森。不过，我为什么一定要照你说的做？"我取个假名又有什么意义呢？

"拜托，伙计。我们都是为兄弟会工作的。"

"兄弟会？"

"你知道的……维塞尔兄弟会。"

这个名字令我大吃一惊。看来维塞尔公司几个世纪以来一直在暗中运作。无论如何，我别无选择。

"好吧，我会照你说的做。"

吉米递给我一张小字条，上面写着需要我对他的同伴说的话。我用另一只手接过蛋糕。

"蛋糕里面藏有什么秘密的东西吗？"我问道。

"秘密的东西？这只是一个蛋糕。"吉米一脸困惑地坚

持道，"一个能帮助他们越狱的蛋糕。"

"一个能帮助他们越狱的蛋糕？"

吉米以沉默回应我。我想这个蛋糕一定很重要，但这不是我需要考虑的事。我只需要进去，找到被关押的人，把蛋糕递给他们。他们如何处理蛋糕就是他们的事了。

吉米的话打断了我的思绪："准备好了就进去吧。"

我大步流星地走进警察局，自信是我唯一的武器。一名警员在桌子后面站着。

"你有什么事吗？"

"我来找几个被关押在这里的人。"

"我可不能随随便便就让人进去。"

"但你们队长说我可以直接进去。"

"你以为你这么说我就会相信吗？不可能。"

"我和你们队长打过招呼了。"

"这样吧，队长大约十五分钟后回来。你就在这里等着，我们一起问他。"警员得意地说道。

"没问题。"我朝他笑了笑以掩饰自己内心的煎熬。

我得在队长回来之前把他支开。于是，我不动声色地站在一旁，看着桌子后面的公告栏，并把蛋糕放在桌上。我得找到一些有用的信息，从而想办法把桌子后面的警员支开。警员并没有佩戴名牌，但公告栏上张贴着一份文件，上面列明了警察局工作人员的一些信息。

我如果能搞明白他是谁，或许就能从这份文件中找到对他至关重要的人，从而达到自己的目的。

警员	级别	值班时间	出生日期	直系亲属
艾伦（Allen）	三	周一、周三、周四、周六 8:00～22:00	1861 年 7 月 3 日	琼·艾伦（Joan Allen）
本内特（Bennett）	一	周二、周三、周四、周五 17:00～5:00	1865 年 12 月 17 日	休·本内特（Hugh Bennett）
克拉克（Clark）	四	周一、周二、周三、周四、周六、周日 0:00～12:00	1851 年 10 月 12 日	蒂姆·克拉克（Tim Clark）
克拉基（Clarke）	七	周一、周二、周三、周六 4:00～14:00	1852 年 11 月 1 日	玛丽·克拉基（Mary Clarke）
戴维斯（Davies）	二	周二、周三、周四 24 小时待命	1854 年 2 月 22 日	安杰拉·戴维斯（Angela Davies）
希尔（Hill）	五	周一、周三、周五、周日 11:00～23:00	1840 年 6 月 29 日	杰克·希尔（Jack Hill）
杰克逊（Jackson）	三	周一、周四、周五、周六、周日 16:00～4:00	1852 年 10 月 26 日	埃米莉·杰克逊（Emily Jackson）
约翰逊（Johnson）	五	周三、周四、周五 18:00～12:00	1859 年 10 月 31 日	伊丽莎白·约翰逊（Elizabeth Johnson）
洛（Lowe）	八	周六、周日 9:00～18:00	1845 年 6 月 10 日	杰茜卡·洛（Jessica Lowe）
佩恩（Payne）	八	周一、周二、周三、周四、周五 9:00～18:00	1839 年 1 月 6 日	加雷思·佩恩（Gareth Payne）
泰勒（Taylor）	四	周二、周五、周六、周日 6:00～14:00	1856 年 4 月 18 日	伊莎贝尔·泰勒（Isabel Taylor）

警员培训日程安排

下列警员需接受培训，以下时间需找人代班。

艾伦：6 月 14 日

克拉克：6 月 19 日

杰克逊：6 月 21 日

泰勒：6 月 25 日

休假安排

本内特：6 月 1 日～7 日

克拉克：6 月 20 日～26 日

约翰逊：6 月 12 日～19 日

洛：6 月 24 日～30 日

佩恩：6 月 24 日～30 日

简单提示：《提示》第1页
中度提示：《提示》第4页
深度提示：《提示》第8页
完整攻略：《攻略》第3页

只要推理出面前的警员是谁，
我就能继续前进。

周一例行检查

✔	✔	✔	
4日	11日	18日	25日

接待人员的级别最低为三级。如果当日无三级警员值班，则四级警员任接待人员；如果当日无四级警员值班，则五级警员任接待人员，以此类推。

本月寿星

希尔和洛
生日快乐！

特此感谢本地贴心的水果商，他将在接下来的一周里每天为我们提供不同的水果。

周一	周二	周三	周四

周五	周六	周日

约翰逊。我面前的警员一定是他。我看了看公告栏里他直系亲属的名字——伊丽莎白·约翰逊。那是他的妻子吗？我尽量装出若无其事的样子走到外面。

"吉米？"我低声喊道。

"你把蛋糕送进去了？"

"还没有。"

"蛋糕现在在哪儿？"

"我把它放在桌子上了。"

"但愿那名警员没偷吃。"

"坏了！我急需你的帮助！你跟在我后面冲进去，告诉约翰逊警员说伊丽莎白进了医院，她现在非常需要他。"

吉米尚未作答，我就转身往回走，希望他能理解我急切的心情。看到蛋糕完好无损，我松了一口气。几分钟后，我开始担心吉米不会出现。正当我准备再次往外走时，他冲了进来，同时用手帕擦拭着额头的汗珠。

"约翰逊！"

"嗯？"约翰逊谨慎地应答。

"伊丽莎白进医院了，她需要你。"

"天啊！"约翰逊跳了起来，"但我不能擅离岗位。"

"我帮你看着，我的朋友。"我开口道，"再说，队长不是很快就回来吗？"

"没错，没错，谢谢你。"约翰逊朝门口冲去，甚至都没有看我一眼。

"她在哪家医院？"

"你说呢？"

"当然。只能是那家。"

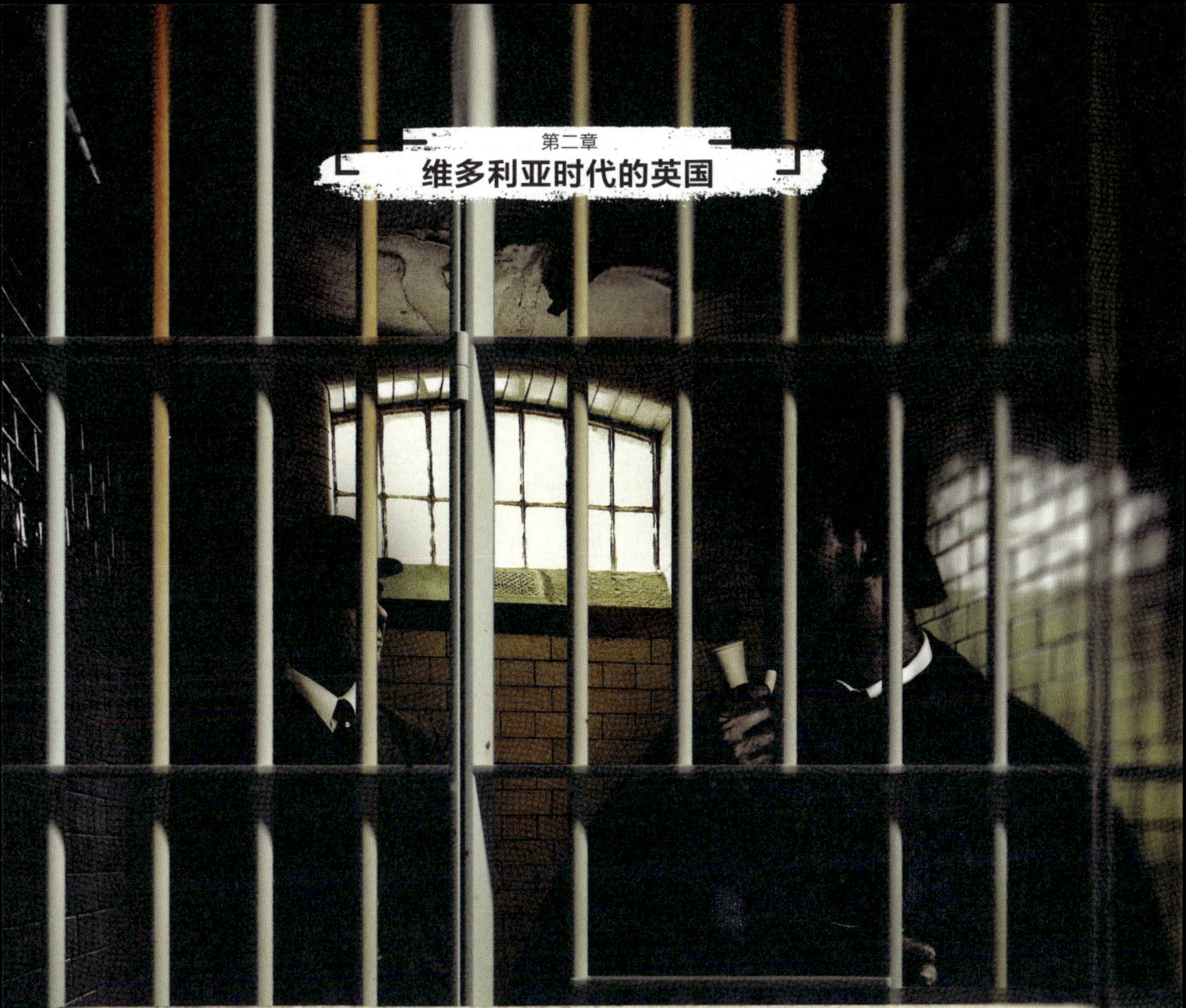

吉米把手帕放了下来——这真是个避免被认出来的好办法——然后他冲我微微鞠了个躬。

"现在你该去送蛋糕了。"

"警员已经被支开了，你为什么不亲自送进去？"

"我不能让被关押的人认出我。但他们不认识你。"

"我必须一字一句地照着你写的说？"

"没错。"

吉米在外面为我望风，我冲进去送蛋糕。一切进展顺利，尽管整件事看起来很可疑。我必须完成任务，但希望自己并不是在帮助真正的坏人越狱。警察局里关押着两个人，其中一个看起来很像夏洛克·福尔摩斯，但他不是个虚构人物吗？蛋糕对他们来说似乎很重要，在我离开之前，他们一直压低声音热烈讨论，还比比画画。

现在，轮到吉米帮助我了。

"我试图拉他们加入维塞尔兄弟会。"当我回来时，吉米开口说道："你应该可以想象，他们能让兄弟会如虎添翼。"

"的确如此。"我表示赞同，并且快步离开警察局。

我们走到街角，吉米指了指正等着我们的四轮马车。我爬上马车，为维多利亚时代的英伦风情深深着迷。同时，焦虑感笼罩了我，我担心这趟马车之旅会耗尽我的时间。可我只能选择继续相信萨伦（或者应该叫他艾登）。

"我们要去哪儿，吉米？"我问道。

"这重要吗？"

我摇了摇头，竭力抑制体内奔涌的肾上腺素。谢天谢地，这趟马车之旅并没有持续太久，而与此同时，我感觉耳机的电量正一点点地减少。

"我们到了。"吉米宣布，"你的朋友曾来这里见我们的专家，现在我带你进去。我只提醒你一件事，请不要因我们的专家是女性而震惊。"

我一直在等他的下文，但他的话就这样戛然而止了。我觉得这种提醒真是太奇怪了，后来才明白为何专家是女性要被重点提及。在我现在所处的英国，性别平等的观念还远远未被主流社会接纳。无论这位专家是谁，她一定令人肃然起敬。

我们来到街边的一座建筑前，吉米带我走上几级木制台阶。台阶尽头是一扇厚重的大门。吉米使劲推开门，出现在我眼前的场景令人震惊：一具赤裸的尸体被放在桌子上，一个身着护士服的女人正站在旁边。这就是那位专家吗？

"你一定是艾登的朋友。"女人猜测说。

"你是？"我不想透露太多信息。

"叫我福洛拉（Flora）吧。"

这是她的真名吗？突然，我发觉房间里的气味十分奇特。我本以为解剖室会是一个潮湿、腐臭的地方，但出人意料的是，我闻到了一股沁人心脾的花香。花香……或许这就是她与古罗马神话中的花神重名的原因。

"不用担心……我们这里没有瘴气。"

"抱歉，福洛拉……我应该给你介绍一下的。这位是亚当·帕金森先生。"

"很高兴见到你。我想，你应该很好奇我在这里做什么。"

"解剖尸体？"

"完全正确。对于不了解的事物，我们该如何认识它呢？通过实验。这就是我正在做的。"

"抱歉，"我打断了福洛拉的话，"你刚刚提到了瘴气？"

"是的，就是糟糕的空气。有些疾病似乎是通过空气传播的。"福洛拉说道。

"这样啊……"

我疑惑地问她："这个可怜的家伙怎么了？"

"他患了水痘。"吉米说。

福洛拉看了看吉米："现在，鼠疫患者也越来越多了。"

我回忆起在美术馆中经历过的抽血检测，这令我越发不安。我下意识地远离那具尸体。

"对了，你的朋友给你留下了一些东西。你要看看吗？"

"当然。"我急切地说道。我现在只想快点儿离开这里。

福洛拉微笑着放下了手术刀——此刻我才留意到它的存在。她提起身旁的一盏灯，走向房间的另一侧，打开那里的一扇门。我不得不稍稍弯腰才能穿过那扇门。迎接我的是一个摆满了病床

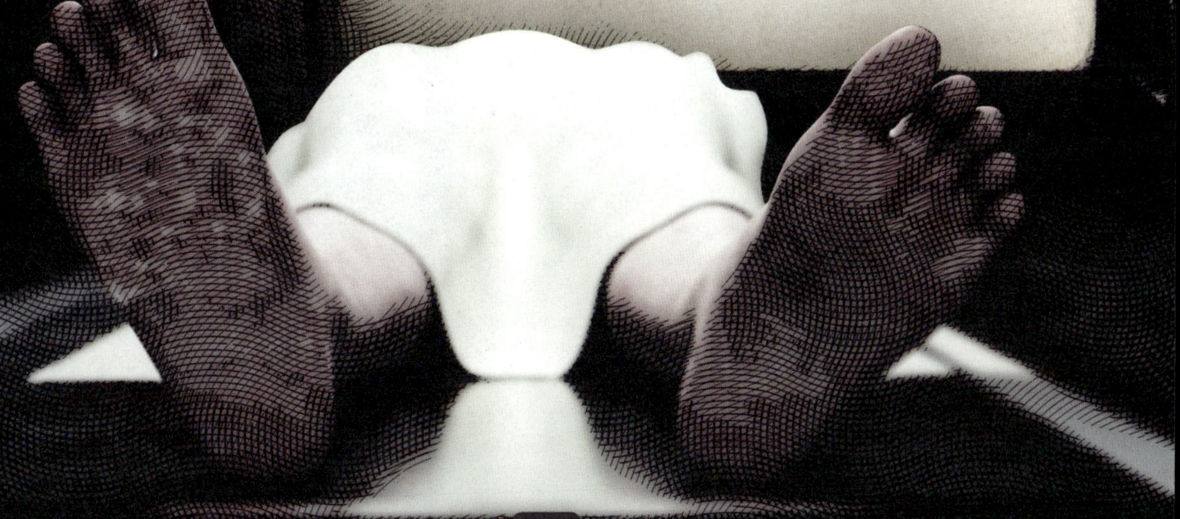

的房间，每张病床上都躺着病人。

"这里病床的摆放方式不是由我决定的，"福洛拉说，"艾登对此有特别的要求。"

出于某种原因，艾登或者说萨伦——假设他们是同一个人——给我留下了一系列复杂的线索，而非能大大节省时间的明确信息。我尚未知晓个中缘由，但必须完成任务。我翻了翻口袋，希望能找到一个记事本来记录我的思考过程，但一无所获。吉米注意到了我的举动，递给我一块木制写字垫板，上面夹着一张纸。

"给你。"

"谢谢。"

显然，因为福洛拉在场，他的心情很愉悦。当他递给我一支铅笔时，我冲他笑了笑。我迅速画出房间内病床的摆放情况，并且注意到病床的轮子似乎都被卡住了，每张床都只能纵向移动，即向床头或床尾的方向移动，而不能横向移动。每张床的床腿上都刻着数字，其中一张床的床腿上还刻着"第二"。

当我问起这件事时，吉米突然想起了什么，急切地说起他所知道的事情："艾登重新布置房间时刻了这些。"

我又检查了一遍病床，发现正对我们的病床的床腿上有一个星星标记，而这个房间的另一扇门目前被一张病床挡住了。

"这些人都得了什么病？"我问。

"各种各样的病。"福洛拉悲伤地回答。

"他们都有什么症状？"

"我们不只是对症下药，还进行整体性治疗。这样我们才能找出病因。"

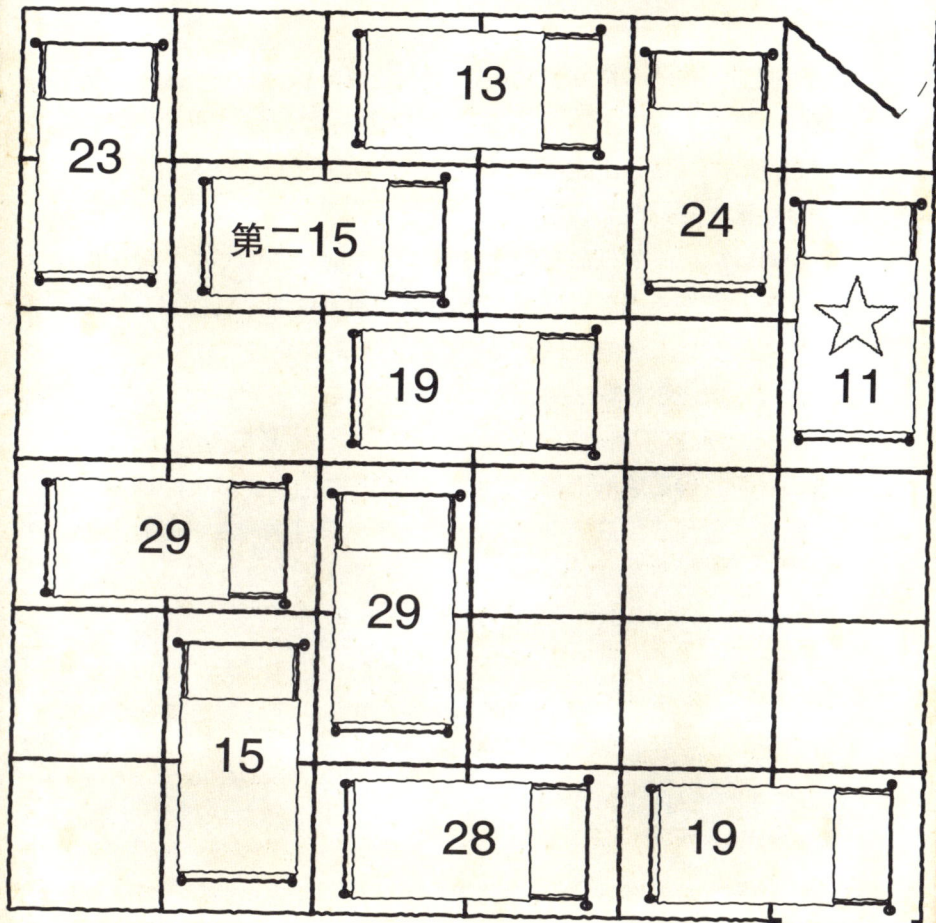

吉米兴奋地听福洛拉谈论她的工作。"她是我们的'提灯女神'。"他自豪地说。

我觉得福洛拉在一个房间里护理病人，又在相邻的房间里解剖尸体的行为有些瘆人。福洛拉似乎注意到了我在来回打量这两个房间。

"我们必须为了更远大的目标而努力。我们努力工作，甚至拼尽全力，都是为了以后能拯救更多的生命。"

我理解她。虽然她的做法和理念在我生活的时代显得不够成熟，但在人类从对医学一无所知走向现代医学的道路上，她所做的一切都将成为重要的铺路石。即便是在我生活的时代，也依然有很多未解之谜。

我开始查看挂在每张床边的记有病人信息的纸。看到我这么做，福洛拉说："艾登在这方面帮了很多忙，但他添加的一些内容我至今不太理解。"

每张记有病人信息的纸上都有不同的图案，其中四张纸上的图案尤为引人注目。那些图案和我生活的时代的心电图类似。只是……上面显示的心跳过于不规律。或许它们不是心电图，而是艾登留给我的线索。

"他有些做法非常奇怪。"福洛拉说。

"你是说艾登吗？"

"是的，他坚持认为……为了保护病人的隐私，我们要给每个病人起一个假名。"

"所以这些都不是他们的真名？"

"没错。"

经过仔细观察，我发现这些"心电图"下方还有数字编号。或许"心电图"中存在一些编码信息，再结合病人的名字，一切就明朗了。我要继续调查，收集更多有助于我解读"心电图"的信息。

安德鲁·阿图尔松
Andrew Arthurson

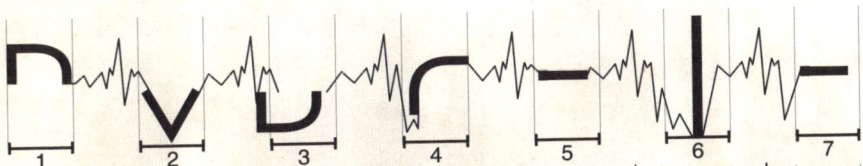

布赖恩·班克
Brian Banker

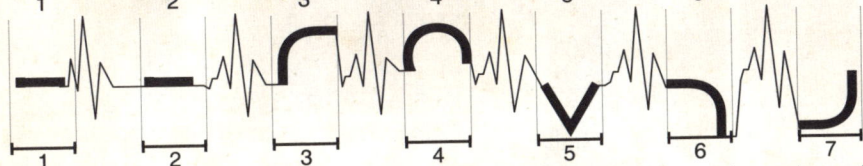

查利·卡特赖特
Charlie Cartwright

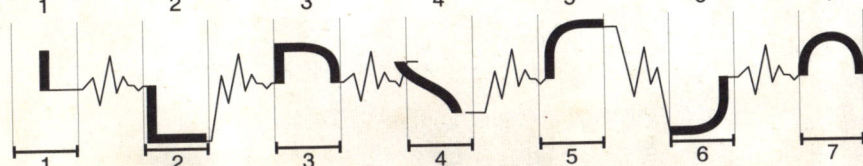

德斯蒙德·达林
Desmond Darling

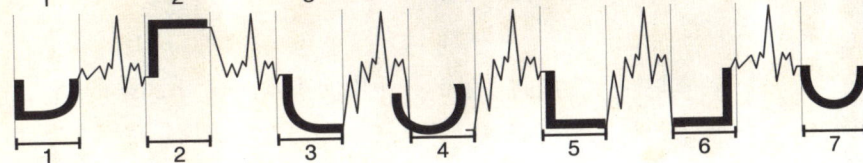

我后退了一步，对艾登为了掩饰自己的本意所做的一切感到困惑。难道这是专门为我留下的穿越时空的信息，因此在我到达之前，信息持有者无从得知其真正含义？

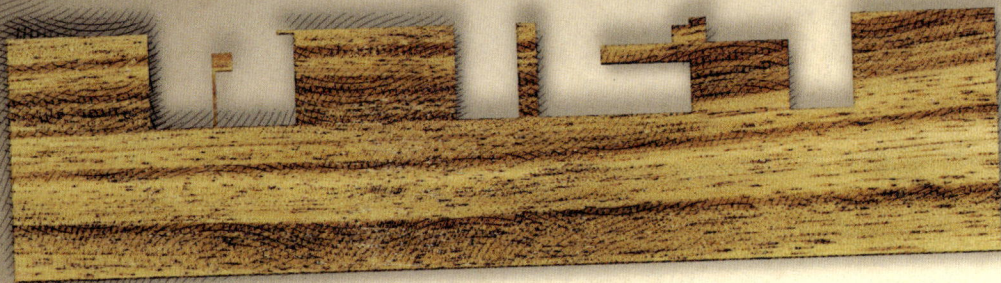

环顾房间，我注意到有几块长木板和一块大木牌靠在墙边。

"那些也是他留下的。"福洛拉提醒道。

"那些是做什么用的？"我问。

"我不知道。"

我走近观察，发现其中四块长木板的边缘刻着一些形状不规则的凹槽，而刻着"提灯女神"四个字的大木牌上有很多地方都被挖空了。

我想起吉米也提到过"提灯女神"，于是我低头看向福洛拉手中提着的油灯，用手指了指。

"我可以用一下吗？"

"当然可以。"

我将油灯举起来，靠近大木牌，大木牌在墙上投出清晰可见的奇怪影子。结合长木板与大木牌提供的信息，我得到了四组字母与数字的组合。

墙上贴着的纸上罗列了一长串疾病名称，还有对每种疾病名称的词源的解释。

"我喜欢刨根问底，"福洛拉说，"无论是对疾病的病源还是疾病名称的词源。你知道'疟疾'（malaria）源于什么词吗？"

"疟疾是一种由来自沼泽地区的污浊空气引发的疾病。malaria 源自意大利语中的 mal aria，它的意思是'糟糕的空气'。"

简单提示：《提示》第1页	
中度提示：《提示》第4页	
深度提示：《提示》第8页	
完整攻略：《攻略》第3页	

"我不知道。"

我简单浏览了一下纸上的内容，记下了各种疾病的名称，以备不时之需。

狂犬病 (RABIES)

rabies 源自拉丁语中的 rabere，后者意为"发狂"，该病患者在发病时会表现出极度兴奋等症状。

水痘 (VARICELLA)

varicella 可能源自拉丁语中的 varius，后者意为"斑驳的，满是斑点的"。

疟疾 (MALARIA)

一种由来自沼泽地区的污浊空气引发的疾病。malaria 源自意大利语中的"mal aria"，后者意为"糟糕的空气"。

脑膜炎 (MENINGITIS)

由最近发现的奈瑟菌（neisseria）引发的疾病。meningitis 源自希腊语中的 meninx（意为"膜"）以及 itis（意为"炎症"）。

流行性感冒 (INFLUENZA)

influenza 源自意大利语中的 influenza，后者又源自拉丁语中的 influentia，后面两个词的词义都为"影响"。医生们最初认为流行性感冒是一种受星星的位置影响的疾病。

显然，艾登（或者说萨伦）在引导我找到他留下的信息，从而推断出一个我在某处见过的词。我的时间所剩无几，我必须搞清楚他想告诉我什么。

> 只要厘清他留下的线索，确定一个词，
>
> ## 我就能继续前进。

奈瑟菌。一道闪光击中了我的身体，我支撑不住开始前后摇晃。我跪倒在地，奋力挣扎。我还不想离开。我知道自己还有时间。有件事我一直想弄清楚。

"你还好吗？"福洛拉问。

"没事，这不是第一次了。"

"或许这是其他什么重症的迹象？你还有哪里不舒服吗？"

"我浑身上下都不舒服。但相信我，你无须担心。"

"难道你不希望我帮助你吗？"

"我需要马上离开这里。谢谢你。"

"不用客气。"福洛拉回答道。她尽力不表现出担忧。"在你离开之前，我有一个问题。"

"请说。"

"吉米说你听到'艾登'这个名字时很惊讶。"

"我没有想到我的……伙伴……有多个名字。"

"我们不都有多个名字吗？"她开玩笑道。

"这正是我想问你的事。你的名字很美，但这不是你的全名吧？"

"没错，福洛拉只是我的名字的简称。我的名字源自意大利的一座城市名。"

吉米兴奋地走上前说："她有很多名字。很多人称她为'提灯女神'。当然还有福洛拉，她的名字与意大利的佛罗伦萨有关系。"

"您就是弗洛伦斯·南丁格尔（Florence Nightingale）？"我本就有所怀疑。我对历史上为社会做出过杰出贡献的人一直怀有崇敬之情。

"是的。"

我很想留下来和这位传奇人物聊聊，但我的耳机开始发出微弱的嘀嘀声。

"怎么了？你感觉更糟糕了吗？"福洛

拉问道。

"不，我感觉我留在这里的时间不多了。很荣幸见到您，并目睹您所做的出色工作。我在这里的任务已经完成了。尽管我还是一头雾水，但现在我可以回家了，希望在那里也能做些好事。"

"认识你也是我的荣幸。"福洛拉笑着说。

我意识到不能让他们目睹我消失的过程。萨伦警告过我不能影响未来。我向他们俩鞠了个躬，退出房间，直到他们看不到我，才开始专注地默念"奈瑟菌"这个词。

疼痛感再一次出现，我的耳朵因为受到压力而嗡嗡作响。我几乎没意识到自己一直紧闭双眼。我再次睁开眼睛时，发现自己已经回到了美术馆。

米歇尔挑了挑眉毛："看来你已经去而复返了？"

"奈瑟菌！"我几乎喊了出来，竭力避免忘记这个几分钟前还不存在于自己词库中的词。

"你说什么？"米歇尔不知所措地问。

"那个词……那个把我带回来的词。是艾登要我找到的。"

"艾登？"

事情变得越来越令人费解了。我有很多事情需要解释，但首先……

"你是不是应该先给我做个体检？"

"你怎么这么着急？"米歇尔怀疑地眯起眼睛。

"好吧，我说实话，那个时空中有很多人罹患了依靠空气传播的疾病。"

"我真希望你能小心一点儿。"

她摇了摇头，迅速戴上了口罩。

当米歇尔转过身，大步流星地往医疗区走去时，她尖锐的语气和冷漠的举止让我明白，她刚才的话并非玩笑。她凭什么责怪我？是他们把我送到了我一无所知的过去！我耸了耸肩，

摘下耳机，跟着她走。

医生已经在等我了，在他看来，他几分钟前刚跟我道别。医生把我领进了房间，我将耳机放在米歇尔早就伸出的手中，由她稍后去给耳机消毒和充电。为了让苏塔医生的工作更轻松，我立刻开始脱衣服——我已经对标准流程了如指掌了。

"亚当，这次是一趟不错的旅行吗？"他问。

"极具启发性。你知道奈瑟菌是什么吗？"

"嗯。那是一类细菌，有很多种，其中一种可能诱发脑膜炎。你觉得自己有感染的危险吗？"

"可能没有，但出于某种原因，有人想让我知道这个词。"我回答道。

"你觉得原因是什么？"

"我不知道。"我摇了摇头，对整件事感到迷惑不解。我注意到苏塔医生拿着一支注射器朝我走来。"又要抽血吗？"

"你每一次回来都需要。"

"很快就能检测出我感染与否吗？"

"你会惊叹于这里先进的科学技术。"

"我刚刚穿越了时空，而且穿越了不止一次。我暂时不会对任何事情感到惊讶。"我说，"那么，又要给我来一杯加料的饮料吗？"

"我为上次的行为道歉。但是没办法，你需要药物辅助才能入睡。"

"我才醒没一会儿。"

"没错。"

"我可以不喝吗？"我央求道。

"你只有两种选择：要么醒来时神清气爽，为下一次行动做好准备；要么老

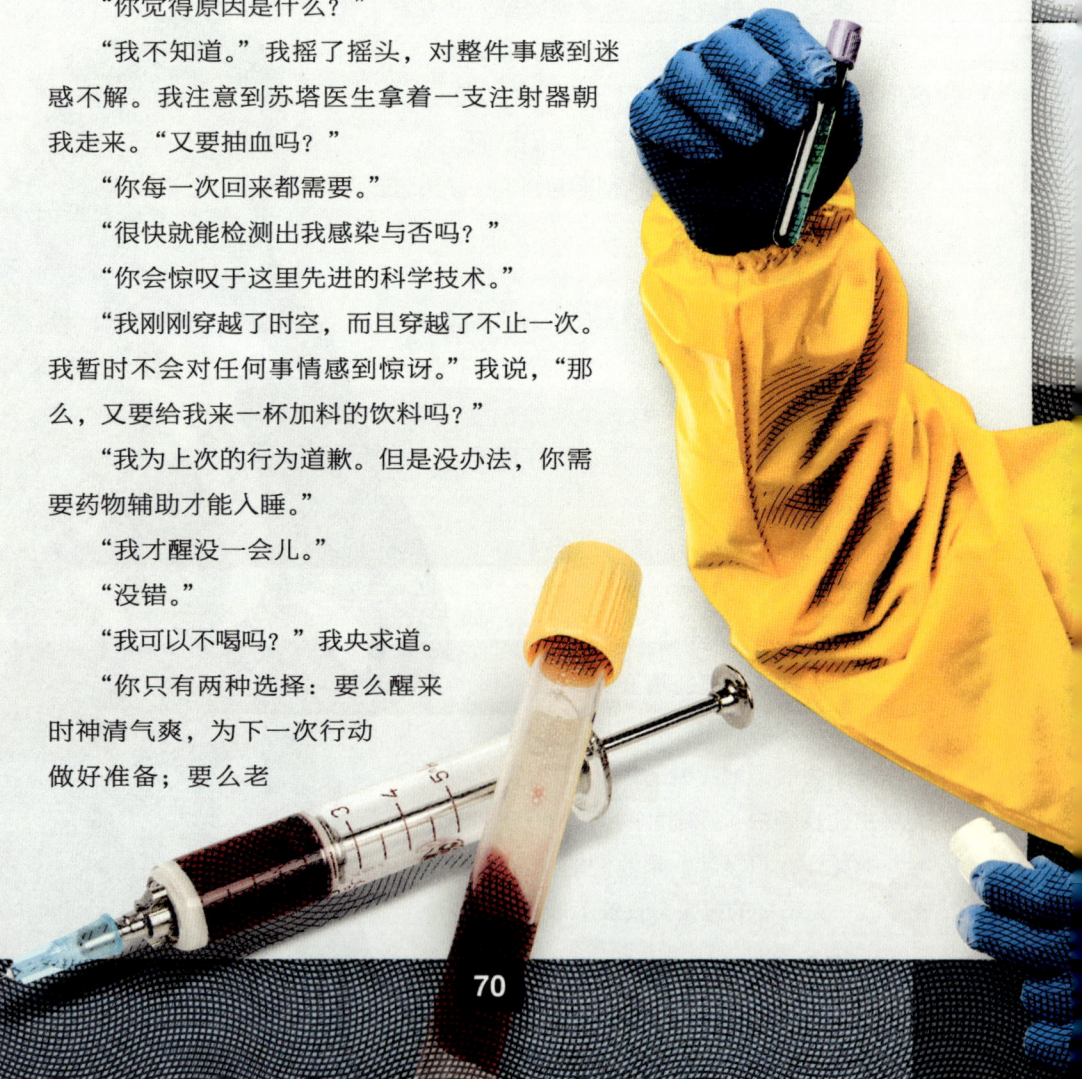

实待在这儿，等待检测结果出来，在下一次冒险还没开始时就疲惫不堪。"

"你对病人的态度还真是冷漠。"

"如果我和你聊聊天，你会不会觉得好一点儿？"

"求之不得。只要别聊这可怕的时空旅行。"我停顿了一下，"我还不知道你的名字，只知道你的姓氏。"

"我的名字是瑞特（Rhett）。"

"很高兴见到你，瑞特。"

我意识到自己无法与他握手，因为他身穿全套生化防护服。随之而来的尴尬的沉默让我想开启一个新话题，但我不知道该说什么。我不断回想"灾难"和"奈瑟菌"这两个词。这是需要我联系起来的线索吗？是曾经有一场，或者即将有一场与奈瑟菌相关的灾难吗？最糟糕的情况开始在我脑海中浮现。例如，我会从过去的时空带回某种致命疾病的病原体，而萨伦试图阻止我。

随这种可能性而来的强烈的负面情绪压得我喘不过气。

"说实话，我愿意喝橙汁。"我轻声说道。

几分钟后，我沉沉睡去。睡意来得太快了。

第三章

古希腊

我睁开眼睛，这一次平静了许多。苏塔医生站在我身旁，正看着手中的写字垫板。我小心翼翼地起身，喉咙干得如同火烧一般。我睡了多久？

"我能喝杯橙汁吗？"我问。

"需要加镇静剂吗？它会让你上瘾的。"他一边说，一边将橙汁倒进杯子。

"苏塔医生？"我开口道。

"叫我瑞特就好。"

"瑞特，我现在做的事有多危险？"

"为什么你现在才问这个问题？"

"之前我可能是被各种事情弄得晕头转向了。"

他看着我的眼睛说："这项技术从未出过问题。"

他并没有正面回答我的问题，只告诉我危险并非源于技术，那么危险源于什么？找不到回来的口令？在另一个时空染病？或者在旅行中遭遇不测？那我多次穿越时空的目的究竟是什么？

我喝完橙汁，抬起头，看到米歇尔在等我。瑞特接过我的杯子，示意我跟她走。米歇尔把我带回展厅。

"在项目结束之前都是这个流程吗？"我问米歇尔。

"你指的是……？"

"开始紧张刺激的冒险之旅，回到这里之后立即睡觉，醒来后再次出发。"

"怎么了？你需要多休息一下吗？"她突然担心地问道。然而，我下意识地认为她担心的不仅仅是我。

"不，我只是想知道——"我说，"就只是这样吗？等我走遍这座美术馆，我的工作就结束了吗？"

"希望如此。我并不喜欢将员工置于未知且危险的境地。这有悖于我的工作职责。"

"那你的工作到底是什么，米歇尔？"

她停下了脚步。

"我是特别行动项目的负责人。显然，这并不能解答你的疑问，但现在我只能告诉你这么多。"

"好吧。"我对米歇尔就像对这里发生的事情一样知之甚少。

"你琢磨过你找到的那两个词吗？灾难和奈瑟菌。"

"我认为萨伦试图传递的信息不止这些。但他为什么要将线索分别留在这几个时空呢？你觉得艾登就是萨伦吗？"

"我想，是时候向你详细介绍一下这座美术馆了。"米歇尔说完，继续往前走去。

我不禁纳闷为什么她一开始不告诉我更多的信息。也许她担心我一旦知晓事情的全貌或其中隐藏的危险，就不愿意参加这个项目了。我期待地朝米歇尔点了点头，示意她继续说。

"这个展览是由一个神秘人一手策划的。他叫萨伦或者艾登——不管他叫什么。他拜访了我的丈夫，也就是维塞尔公司的负责人。萨伦带来了很多艺术品——每个展区至少一件，还有一份需要展出的其他艺术品的清单。我们费尽心思地将艺术品陈列在此，就是为了让你完成你必须做的事。"

"他如果想传递什么信息，本可以直接告诉萨姆韦尔先生。"

"按理说可以，但他的意图令人捉摸不透。或许有什么东西在阻止他直接表明意图。"

"不要影响未来。这是他在古埃及给我留的信息。"

"对此，我们的猜测是，影响未来会产生意想不到的后果，类似于蝴蝶效应。在穿越时空的过程中，尽量避免产生任何影响是非常重要的。"

"那他为什么把线索公开留在古埃及呢？"

"亚当，你对那个时空了解多少？"米歇尔似乎在转移话题。

"现在了解的可能还不如我上学时了解的多。"

"这很正常。法老图坦卡蒙在十几岁时便去世了，可能死于某种流行的传染病。那种病在当时夺走了许多人的生命。你去的地方可能正是疫情最严重的地方。"

"所以，萨伦可以在那里留下信息，因为……"我恍然大悟。

"没错。他做的事不会影响未来，因为那些人很快就会死去。"

我后退了几步，因知晓了我在古埃及遇到的所有人的最终命运而目瞪口呆——可怜的奈芙蒂斯。

"请别误解我的意思。显然，即便那些人没有被疾病夺去生命，如今也已作古。"米歇尔解释道，"但你遇到的那些人的共同点可能是他们都没法将信息继续传递下去。"

"那么弗洛伦斯·南丁格尔呢？她也在见到我不久后就去世了吗？"

"应该没有。萨伦这样安排或许别有用意，但我们尚不知晓。理论上，你所去的时空中的很多人在见过你之后很快就去世了。"

"这太恐怖了。"

"是啊。你还要继续听下去吗？"她淡淡的语气让我感到不舒服。

"嗯。有一件事……"

"什么？"米歇尔突然显得很紧张。她担心我要打退堂鼓吗？

"我在伦敦的时候需要靠纸笔来解决一些问题。我之后要去的地方可能没有纸笔，你能帮我准备吗？"

米歇尔显然松了一口气："就这一件事吗？没问题，我马上安排。现在，请往这边走。"

我们来到美术馆的一个新展区，墙上有一幅巨型壁画，上面好像是五位圣人的画像。

"看来你被我们找到的最大的艺术品深深吸引了。"米歇尔说道。

"它可真大。"

"它来自阿索斯山的一座教堂。"

"你们是怎么把整面墙搬到这儿来的？"

"这只是一件仿制品。有些事情我们不能做，也不想做。"米歇尔笑着说。

"既然你们已经大费周章地仿制了它，那为何不修复它呢？"

米歇尔沉默了一会儿，似乎有些踌躇。"我们拿不准这些残缺之处是否就是我们需要特别关注的地方。"

我看了看壁画。或许米歇尔从未想过修复它，因为这些残缺之处在我看来显然不重要。

"你亲眼见过真品吗？"我问。

"没有。阿索斯山仍然是世界上少数几个禁止女性进入的地方之一。"

我点头表示理解。

"有条信息对你来说或许有用——这个展区里面的一些珍贵艺术品被运来时由羊皮纸裹着，羊皮纸上标有它们的发现地的坐标。"米歇尔指着一排颜色各异的头盔说。

"它们是按什么顺序摆放的？"

"我们是按照羊皮纸上的指示摆放的。它们都来自纳克索斯岛（Naxos）。"

"头盔上的符号是什么？"

"据我所知，这些符号是古希腊数字，但它们的用法和我们现在的数字不同。古希腊人用字母表示数字，需要注意的是，同一个数字在不同数位上时要用不同的古希腊字母表示。例如，'E'表示5，但你如果要表示55，就不能用'EE'。因为十位上的5用'N'来表示，所以55是'NE'。"

"那百位上的5也要用不同的字母表示吗？"

"没错。百位上的5用字母'φ'来表示。"她证实了我的猜测，"由于古希腊字母数量所限，如果想表示千位上的数字，需要在字母前面加一个小逗号，比如'A'表示个位上的1，而',A'表示千位上的1，以此类推。有些古希腊字母演变成了形状相同的英文字母，比如'N'。有些古希腊字母虽然看起来类似于我们熟悉的英文字母，比如'Σ'很像大写字母'E'，但

它最终演变成了英文字母'S'。"

展区的墙上挂着一幅画，画上的战士图案非常精美。我看向米歇尔。

"这是在克里特岛（Crete）发现的一只古瓮上的图案。我们将图案完整

地复制下来了。"她说。

在一个展柜里，一个令人眼前一亮的镶边圆盘展现了更详细的战斗场景。我发现，大多数古希腊艺术品描绘的无外乎人们虔诚的样子，以及互相争斗或闲逛的场景。

圆盘边缘有一些符号，我猜测是米歇尔介绍过的用于表示数字的古希腊字母。即便我不是专家，也能猜到符号从 A 开始，顺时针排列在圆盘边缘。边缘内则画着一些似曾相识的手，它们和一些古希腊字母用线相连。整件艺术品上的图案显得格外拥挤，我想这是为了告诉我一些信息，而不是提升这件艺术品本身的艺术价值。

"那件艺术品来自帕罗斯岛（Paros）。"米歇尔平淡地介绍道。

我点点头，表示明白。我需要找到一个大约在 2500 年前的年份，以及要前往的地点。

只要找到这些信息，

我就能继续前进

简单提示：《提示》第2页

中度提示：《提示》第5页

深度提示：《提示》第9页

完整攻略：《攻略》第5页

公元前 671 年，纳克索斯岛。

我的身体又一次感到一阵剧烈的疼痛，但这次我早已做好心理准备。如今我能更从容地接受时空旅行开始时的这种令人激动的感觉，而非避之不及。电流宛如波浪，将我包裹。我随波漂荡，但我的身体并未发生实际的移动，只是记忆中突然多了一段全新的独特的经历。

我迫不及待地睁开双眼——闭眼似乎是我在穿越时空的过程中不由自主的行为。我看到碧浪拍打着峭壁，而我正站在悬崖之上。这景象令人生畏，我不禁迅速后退，以至于左脚不小心绊到石头，摔了一跤。我突然听到一阵喧闹的声音。

我连忙爬起来转过身，映入眼帘的是一个类似于集市的地方。摆放着新鲜食物、亚麻布及其他物品的摊位在一个院子里围成一圈，我依稀记得这是历史书上说的古希腊的露天集市。我目瞪口呆地站在原地，被这历史重现的一幕深深震撼。

偶然路过的行人看到我，都露出了惊讶的表情。对我来说不可思议的古希腊露天集市对他们来说很常见，令他们感到新奇的是我，因为我穿的衣服与他们身穿的飘逸长袍迥然不同。

试着融入人群是一个明智的选择，然而我没有任何能够用来买东西的货币，因此无法在集市上买衣服，从而让自己的穿着变得不那么引人注目。我徘徊在摊位之间。突然，一个飞奔的男人撞到了我。

撞到我的男人说了一句我听不懂的话就跑远了。他手中拿着一块大得惊人的肉。鉴于他的奔跑速度，我猜肉可能是他偷的。撞到我时，他掉了一样东西。那是一张纸，上面写着一个词。

一个亚麻色头发、衣着华美的女人追着他跑。她只是迅速瞥了我一眼，但这足以让我意识到她发现我不是寻常的旁观者。跑了几步之后，她停了下来，环顾四周，最后目不转睛地盯着我。

ATHENΣ

她将手指放在嘴唇上，点了点头，然后继续去追小偷。

我下意识地认为她知道我是谁。也许她和萨伦接触过——只有这样才能解释她看到我时的反应。我一直等到骚乱结束才继续观察集市上的摊位，并且期待她回来找我。

集市上有五个卖食物的摊位，看起来都是固定摊位。在我这个现代人眼中，它们各具特色、引人注目。第一个摊位上摆放着成筐的新鲜橄榄，每个筐上都贴着醒目的标签，我认为标签注明了筐中橄榄的产地。

ΠΗΑΡΣΑΛΥΣ   ΙΛΙΥΜ   ITHOME

ΛΕΣΒΟΣ   ΣΠΑΡΤΑ   ΛΕΜΝΟΣ

　　旁边的摊位摆放着一些独特的双耳瓶，瓶中装的可能是葡萄酒。这些双耳瓶都有尖尖的瓶底，被安放在木头架子上。这些架子一定是专为放置它们打造的。这个摊位旁边的摊位上摆放着各种各样的盐（从数量上看，盐对这个古老社会的重要性超出了我的想象），每种盐旁边的标签都标明了产地。

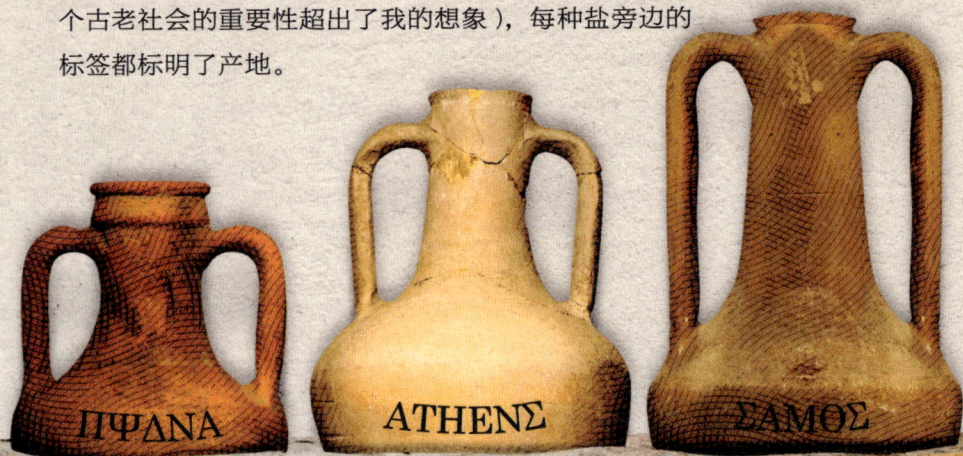

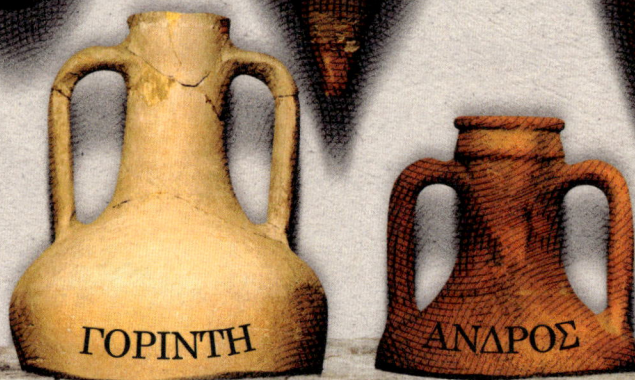

ΠΨΔΝΑ

ΑΤΗΕΝΣ

ΣΑΜΟΣ

ΓΟΡΙΝΤΗ

ΑΝΔΡΟΣ

ΠΕΡΖΑΜΥΜ

ΛΕΣΒΟΣ

ΙΛΙΥΜ

ΗΑΛΙΓΑΡΝΑΣΣΥΣ

ΝΑΧΟΣ

接下来是一个卖肉的摊位。摊主正情绪激动地和周围的人交谈，同时不停地打手势。显然，他很生气。

ΓΟΡΙΝΤΗ

ΑΝΔΡΟΣ

他的摊位上有一个盘子空空如也，我猜被偷的那块肉原本摆放在那里。

ΣΑΜΟΣ

　　肉摊旁边的摊位上摆放着各种各样的气味浓郁的奶酪，惹得我垂涎三尺。我并不饿，并且可能携带不明细菌的生肉也很难让我有胃口。不过，我如果有钱（同时不用冒影响未来的风险），一定会买一块奶酪。

　　我甚至本能地开始四处搜寻卖面包的摊位，随后意识到耳机的电量正一点点地减少——因这些事情分心是很不明智的。

ΑΝΔΡΟΣ

ΠΑΡΟΣ

ΛΕΜΝΟΣ

ΝΑΧΟΣ

ΗΑΛΙΓΑΡΝΑΣΣΥΣ

由于目之所及没有有价值的线索，我决定扩大探索范围。我仍在露天集市附近活动，以便那个追小偷的女人在需要的时候找到我——我猜她会找我。而且我相信，她如果有意寻找，很容易就能发现我。我在人群中非常显眼，不仅由于我穿的衣服与众不同，还因为我比周围所有人都高。在各种各样的摊位之间闲逛时，我突然意识到，得益于现代营养学，我在这些古代人中看起来像巨人一样。

还没等我的思绪飘远，我就被一抹亮色吸引了：深红色的条幅高高地挂在几根柱子之间。我往条幅那儿走去，穿过一道拱门，来到一个宽阔的开放区域。这是一座圆形剧场，中心是舞台，座位环绕在舞台周围。台上有十二个人在排练，他们看起来像是在表演戏剧，其中穿插着特别的舞蹈。演员们一遍遍地摆出特定的动作，他们的动作精确得令人惊叹。

"这很令人震撼，不是吗？"从我身后传来一个声音。

"我从未见过这样的表演。"我承认道。与我说话的是我之前遇到的那个女人，她的服饰和轻柔的动作让她看起来飘然若仙。

"我认为你就是我在等的人。"她说，"看来我的直觉没有错。"

"之前有与我相似的人来过吗？"

"我想你说的是俄菲奥（Orfio）。和他在一起的那几周我过得很愉快。"

俄菲奥是萨伦在这里的名字吗？我

感觉我与这个女人的相遇有些奇怪，但说不清到底因为什么。

"我叫亚当。"

"我叫塞浦斯特雷斯（Cyphstress）。"女人说。

"你的名字很特别。"我说。

"你可能注意到了，很少有女人出现在这里。"

在她提醒之前我确实没有注意到这件事，但现在我发现情况正如她所说的。这显然是一个由男人主导的社会，没有注意到这一点是我大意了。

"女人通常应该待在家里，但我的家人教我要……与众不同。我是一个会脱离规矩而存在的人。"

我觉得她的话很奇怪，然后突然意识到令我觉得奇怪的到底是什么——塞浦斯特雷斯的英语说得很好，只有最后一句话有些别扭，像是通过翻译软件得到的句子。然而，她只与萨伦接触了几个星期，能将英语说得这么好必然是不可能的。

"我最近似乎遇到了很多不同寻常的人。"塞浦斯特雷斯说，"从小时候起，我就对世间万物的关联很感兴趣，能从自己观察到的事物中推断出一些信息。这对我的工作大有裨益。现在，我在为一些有权势的家族追踪罪犯。"

"你是警察？"

"不。我更像是一名顾问。"

她怎么知道什么是警察？我将自己的疑惑暂且置于脑后，把注意力放到眼前正在进行的表演上。

"你在这里看到的一切，都是俄非奥努力工作的成果。"

"等一下，这是俄非奥编排的舞蹈？"

"是的。"她略带伤感地说，"所有的舞蹈动作都是他编排的。我真希望他能亲眼看到这场表演。"

当表演重新开始时，我再次将注意力集中到舞蹈上，这一定非常重要。我没有理会塞浦斯特雷斯诧异的目光，掏出纸和笔快速画下舞者的分组情况及动作，并且按照每种分组情况出现的顺序从 1 至 5 进行编号。

"这非常特别。"随着表演渐近尾声，我说道。

"我也这么认为。剧场的负责人非常热衷于邀请异乡人为我们的节日庆典创作艺术作品，这让俄非奥有机会把他故乡的舞蹈教给我们。"

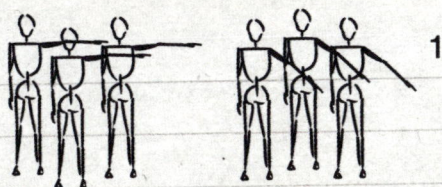

1

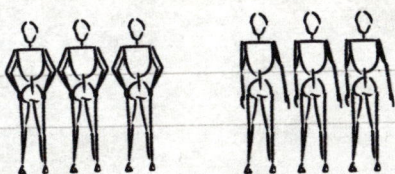

4

2

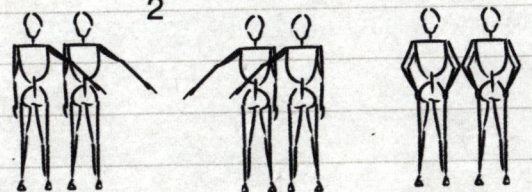

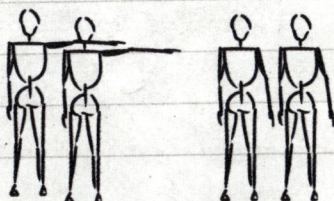

5

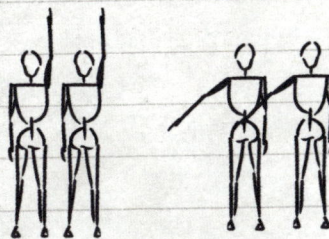

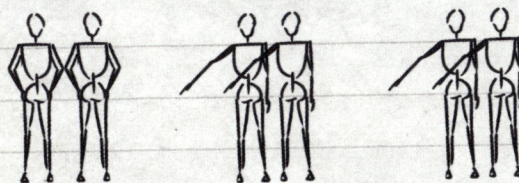

3

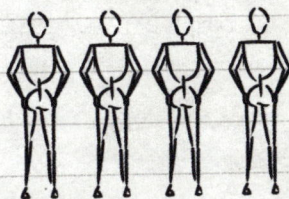

"这里正在庆祝节日？"

"当然了。你以为每天都能在集市上看到各种各样的食物吗？"

我不知道在不同时代的不同地方，什么才是当地人司空见惯的事情，所以只能耸耸肩，尽量让自己看起来很有见识。

"在我之前来的人还留下了什么？"

"你是说俄菲奥吗？"她问道。

"嗯。他如果留下了这个作品，一定还留下了其他什么东西。"

"你似乎很了解他。你说得对，他参与了节日庆典的整体策划工作，为城市周边即将举办的活动提了建议，还画了一幅地图。我带你去他住过的地方看看吧。"

我点点头，急切地想找到更多线索。

我的冒险之旅的重点并不是观光，然而当我们在城市中穿行时，每走一步我都不由自主地感叹。回想起之前的经历，这是我第一次没有置身于险境——没有人把我关起来，附近也没有人在简陋的条件下解剖尸体——只有在我生活的时空中无法领略到的不可思议的美景。微风拂过街道，混着没有被污染的海洋的清新气息，为这个炽热的地方带来丝丝凉意，我甚至以为自己正在度假。

然后，我开始估算安全离开这里还剩多少时间。我再一次感到不安。如果我们走的时间再长一些，我就没有时间找口令了。幸运的是，我的新朋友在一扇门前停了下来，然后推开了门。

"就是这里。"

我走进屋子，看到一大堆瓶子、纸张和其他各种各样的东西——我似乎走进了童话故事中的女巫的小屋。沐浴在自窗外照进来的金色阳光中，我心中的不安被驱散了。墙上贴着一幅城市地图，我猜测地图中间的"X"代表我们所在的位置。地图上的道路从各个路口向上下左右延伸，街区呈块状分布，一些路口标有数字。

我刚研究了一会儿地图，思路就被我的新朋友打断了，她给我拿来了一些食物。

"这里有很多东西，面包、奶酪还有葡萄酒。你想吃点儿什么？"

"非常感谢。"我开口道，"但我在来之前就吃过了。"

9 25

8 6 9 3 26

9 4 1 16 19 5

21 2 18 X 2 22

15 7 5 20 10

23 12 1 17 13

24

相比于对时间渐渐流逝感到担忧，我更担心此时吃东西可能会影响未来，或者让我染上某种古老的胃病。我拒绝的东西对她来说无疑价值不菲，希望她不会因此感到被冒犯。

"没关系，我理解。俄菲奥也从不在我面前吃东西。你们都有一些奇怪的习惯。如果还有什么我能帮上忙的，请随时告诉我。"她热情地说。

我很欣慰我的拒绝没有伤害我与新朋友的感情，但我不能再想这些了。我意识到，这里的一切都可能与口令有关。或许我不该拒绝任何东西，因为一切都很重要。

"还有什么需要我看的吗？"我问道，"俄菲奥还留下了什么吗？"

"嗯，还有一样东西。"

塞浦斯特雷斯从桌子下方拖出一个落满灰尘的大箱子。她快速打开几把锁，掀开了盖子。这个箱子的复杂设计已经让我印象深刻，在它被打开的瞬间出现的戏剧性的一幕更令我难忘。阳光从窗外洒进来，随着嘎吱一声，箱子被开启，一团尘雾从中升起，我目瞪口呆。塞浦斯特雷斯伸手进去，拿出一卷被红布条捆住的纸，然后将红布条解开，把纸摊在地板上。这是一幅地图。她再次把手伸进箱子，拿出四个青铜神像，用它们压住地图的四角，以便我仔细看地图。

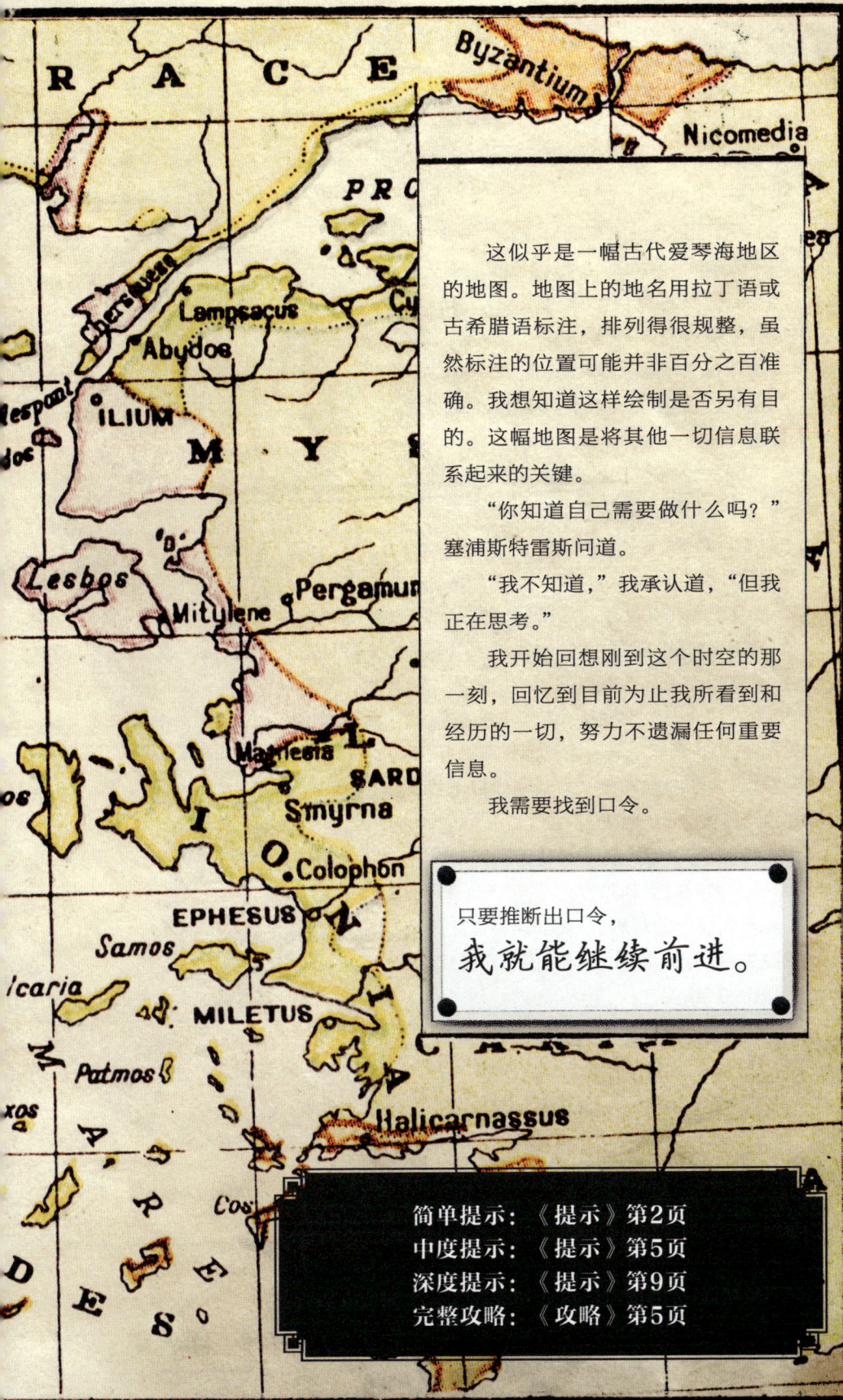

这似乎是一幅古代爱琴海地区的地图。地图上的地名用拉丁语或古希腊语标注，排列得很规整，虽然标注的位置可能并非百分之百准确。我想知道这样绘制是否另有目的。这幅地图是将其他一切信息联系起来的关键。

"你知道自己需要做什么吗？"塞浦斯特雷斯问道。

"我不知道，"我承认道，"但我正在思考。"

我开始回想刚到这个时空的那一刻，回忆到目前为止我所看到和经历的一切，努力不遗漏任何重要信息。

我需要找到口令。

只要推断出口令，
我就能继续前进。

简单提示：《提示》第2页
中度提示：《提示》第5页
深度提示：《提示》第9页
完整攻略：《攻略》第5页

伊利昂（Ilium）。这是古代爱琴海地区的一座城市。"伊利昂"就是我回去所需的口令吗？我集中精神默念它，却什么都没有发生。于是，我大声喊了出来。

"伊利昂。"耳机仍然毫无反应。情况不妙，我是不是哪里弄错了？

"伊利昂？"塞浦斯特雷斯问道。

"这个地方很重要，至少我希望如此。不过，我不知道为什么。"

突然间，我听到耳机发出轻微的嘀嘀声。然后每隔几秒，耳机里就会响起一阵电流声。

"你能听到吗？"我问。

"听到什么？"

我的耳机似乎在向我传递一些信息，但并非表示我找到的口令是对的，因为我知道找对了口令是什么感觉。可它也没有明确表示我找到的口令是错的，毕竟我在调查期间想到的其他无数个词从未获得耳机的反馈。我只能得出一个结论，而这个结论让我愁眉不展——耳机电量过低，我的时间不多了。我需要马上找到正确的口令，否则就永远都回不去了。

"我得找到口令。它一定与伊利昂有关，毕竟所有线索都指向伊利昂。"

"我不太懂你的意思。"塞浦斯特雷斯无奈地说。

"没关系，我们随便聊聊。伊利昂是什么？"

"城市的名字。"

伊利昂也许是某个特定时代或特定群体赋予那座城市的名字？那么，它还有其他名字吗？耳机发出嘀嘀声的频率似乎提高了。

"伊利昂这座城市还有别的名字吗？"我诚恳地向新朋友请教，尽量让自己的声音听起来不那么绝望。

"这应该是像你和俄菲奥一样的人对它的称呼。我们称它为特洛伊。"

"特洛伊？居然是特洛伊？"

我感觉到一股微弱的电流。我必须更进一步找寻答案。虽然目前这个答案不够准确，但我已经在接近正确答案了。

"是的，特洛伊。我们就是这么叫它的。"

"为什么特洛伊如此重要？"我自言自语。

"这条信息对你来说很重要吗？"

"它一定对我有意义，或者至少对和我同时空的人有意义。"

"和你同时空的人？"她疑惑地问道。

嘀嘀声响得更频繁了。

"对不起，这很难解释。"我回避了这个棘手的问题，"我还需要知道特洛伊的特别之处。"

"据我所知，与特洛伊关联最密切的就是特洛伊战争。这场战争在荷马的《伊利昂纪》中有记述。"

"《伊利昂纪》？没错，就是它。伊利昂……《伊利昂纪》。这合情合理。"

"你了解特洛伊战争吗？"她问。

"当然了。"

"关于它，你都知道些什么？"

"没什么……等一下，不止荷马写了有关特洛伊战争的故事。我记得维吉尔的《埃涅阿斯纪》……"

"《埃涅阿斯纪》？"塞浦斯特雷斯问道。

"不，这个时候它还没被写出来呢……"

"你在说什么？"

耳机中传来的嘀嘀声变成嘀——我的时间所剩无几。

"我记得那个故事讲的是希腊人想方设法隐藏自己，偷偷潜入特洛伊城，然后在城内出其不意地发起进攻。"

"然后呢？"

"特洛伊战争中最出名的就是特洛伊木马。"

一股电流贯穿了我的身体，让我喘不上气。

"就是它。"我松了一口气，"我得走了，快要来不及了。"

"很高兴认识你，亚当。"

"我也是。不得不说，你的英语说得棒极了。"

我对塞浦斯特雷斯笑了笑，把注意力集中在"特洛伊木马"这个词上。黑暗猛地向我袭来。当我感觉自己漂到某个传送入口时，我听到了她对我说的最后一句话。

"我不知道英语是什么，亚当。"

我醒来时，发现自己瘫倒在地。

"出了什么问题吗？"米歇尔那熟悉的声音把我拉回现实。

"米歇尔？"我茫然无措，感到困惑不解。米歇尔从美术馆的另一头向我走来，而非站在我之前离开时的地方。"发生了什么事？"我问。

"你已经离开八天了。我们还以为你回不来了。"

"怎么会这样？"

"我们也不明白。到底发生了什么？"

我绞尽脑汁想了想。这次旅行与之前的唯一区别是这次我差点儿就回不来了。

"我几乎用尽了时间。耳机发出嘀嘀声，然后……就变成了嘀——"

"你很幸运。它只在电量耗尽的前几秒才会发出嘀——"米歇尔说。现在她离我足够近，近到可以把我扶起来。"虽然很危险，但你还是回来了。"

我伸出手请米歇尔拉我一把，但她没有碰我。显然，我需要先接受健康检查。

"我找到了口令，但口令描述的事情不属于那个时空。"

"你这次去的那个地方的所有人也都将……"米歇尔竭力寻找最委婉的表达方式，"面临不幸的结局吗？"

"我不这么觉得。我在那里没有发现疾病或者任何可能将他们全部消灭的东西。"

"或许这是个好兆头？"

我笑了笑，试图站起身来。然而，我的手臂根本无力支撑自己的身体，于是我再次倒在地板上。

米歇尔犹豫了一下，她很想帮我，但这显然不符合标准流程。

"我想这是个好兆头。"我赞同道。

"那么，口令是什么？"米歇尔问道。

"特洛伊木马。"

米歇尔立即远离我，显然她更在乎自己的安全。这

个词对她来说似乎意味着一些我不知道的东西。我开始呼吸急促，几乎要喘不上气来。

"你什么意思？"

"亚当，我想你还没有完全理解这个词的含义。什么是特洛伊木马？"

"意想不到的攻击，或者糟糕的事情以意想不到的形式发生。"

"你确定你在那里没有遇到任何可疑的事情吗？你在那里吃了什么吗？"

"没有。我不知道你为什么如此担心。"

"因为我知道灾难会以何种形式出现了，那便是细菌感染。"

"特洛伊木马……"我终于明白了。我好像被一股具有毁灭性的力量击中。

"我就是特洛伊木马。"

随即，我失去了知觉。

第四章

王政复辟时期的英国

我睁开眼睛，转头模模糊糊地看到穿着生化防护服的瑞特·苏塔医生站在床尾。我的手臂不知道做过什么检查，正隐隐作痛。我试着开口说话，但无法发声，最后反而咳嗽起来。

"一切正常。"为了盖过我的咳嗽声，瑞特提高了嗓门。听到这个消息，我松了一口气，但还是感到头晕眼花。

"我是特洛伊木马。"我费劲地说。

"据我们目前所知，你不是。而且，我觉得那不是重点。"

"不，我找到的口令就是这个。"

"是吗？你确定你理解了它的意思？"

"可能没有。"我挣扎着坐起来，靠在床头说道。

"我可以肯定地告诉你，利用目前的技术，我们从你体内检测不到任何明显的外源性物质。"

"那你为什么总穿着防护服？"

"小心行事总不为过，不是吗？事情也可能朝相反的方向发展，如果你因为和我接触而感染了什么病毒，并将它带到一个对它毫无防备的时空，那它造成的破坏性影响将是我们任何人都无法估量的。"

"你说得也对。"

"我们给你准备了一个惊喜，亚当。"他说，"你现在能接待访客吗？"

我点了点头，感到既兴奋又紧张，但不知道来的人会是谁。不过，来人既然知道我在这里，并且获准进入美术馆，那就意味着他一定很重要。医生朝门口点点头，一张满是笑容的熟悉面孔映入我的眼帘。

"亚当，我总说你气色不错，但穿着病号服躺在床上可算不上'不错'。"一个我熟悉的声音说道。

"亨利？"

"我就不打扰你们了。"瑞特说完，离开了医疗区。

亨利·菲尔丁是我的好朋友，

我之所以被卷入这些麻烦事，就是因为他一手策划了我们在维塞尔公司的初次探险。他向我走来，似乎对与我接触可能有的任何风险都毫不在意。这很符合他的性格，他就是那种"先行动，后思考"的人。我还没来得及开口，他就俯身拥抱我。

"我为你骄傲。"他说。

"谢谢，刚刚过去的二十四小时真是太惊心动魄了。"

"你离开的时间可不止二十四小时。"

"抱歉，是我口误。你来这里做什么？"

"来看看我的朋友啊，毕竟我很担心你会被困在充满危险的其他时空。"

"就为这个？"我笑了。

"事实上，维塞尔公司知道你现在可能比刚开始有更多的疑问，所以公司的首席执行官萨姆韦尔先生稍稍透露了些信息。"

"你能告诉我什么？"

亨利停顿了一下，面带微笑。显然，他在斟酌可以透露哪些信息。"你想知道什么？"

"萨伦是谁？"

"你一直跟随他的脚步，我们最初获得的那批艺术品就是他捐赠的。"

"这我知道，但他是谁？"我追问道。

"我真的不知道。我们对他一无所知。他既非维塞尔公司的人，也从未使用过我们的设备，但我们至少可以肯定他不是来自过去的人。我们猜测他来自未来的某个时刻，想要帮助我们，或者说警告我们。"

"他应该不是我，对吧？"我半开玩笑道，"不会是未来的我得到了一些信息后，不得不穿越回来安排这一切，让自己逐一解决问题吧？这听起来像一个无尽的循环。"

"正是这种与众不同的思维方式让你赢得了这份工作，但你猜错了。虽然我从没见过他，但萨姆韦尔先生见过。如果事情如你所言，那他在雇用你的时候就会认出你。而且，对公司内部人员隐瞒你就是萨伦这样的信息没什么好处。"

"那关于萨伦，你还知道什么？"

"他来找我们，把艺术品交给我们，然后就……消失了。"

"消失了？是回到他来的地方吗？"

"我不知道。就是……消失了。萨姆韦尔先生是这样说的，我只知道这些。"

"那我的工作到底是什么？"

"我跟你知道的一样多。根据线索，找到口令，弄清楚我们应该知道的事。"

"我还是不明白萨伦为什么不把信息直截了当地告诉我们。"

"我想那样做可能会影响未来。"亨利说，"如果有人一定要影响未来，那他就必须采用妥帖的方式。想想人们关于'阻止希特勒'的讨论。你如果能回到希特勒的孩提时代，引导他痴迷于烘焙，他就不会发起战争，那么那段历史也将不复存在。"

亨利停顿了一下，看我是否还在听。我点了点头。

"因此，随着时间的推移，'未来'的你就没有理由回到过去阻止他了，毕竟他只是一位烘焙师，所以你不会回到过去。这就产生了一个无解的悖论。"

"也就是说，为了成功地改变过去，我不能改变最初促使我改变过去的原因？"

"没错。你如果回到过去解决了问题，那未来就没有问题需要解决了。"

"那么，我们该怎么做呢？警告中的灾难指的是什么？还有，我们虽然收到了警告，但不管怎么努力都无法避免灾难发生，对吗？"

"我不知道。但有一个办法能找出答案。"

"好吧，我想我又要穿越时空了。"我叹了口气。

发现我已经对时空旅行习以为常，亨利对我笑了笑，然后似乎想起了什么，慢慢地朝门口走去。

"好了，我要走了，你继续工作吧。我得回医院去了。"

"医院？"

"不用担心，我没事。"他笑着说。

亨利说完就离开了医疗区。我疲惫地起身，换好衣服，回到展厅时看到他正在和米歇尔低声交谈。

"我会向他转达你的爱。"亨利低声说。

米歇尔点了点头。她是眼含泪水吗？亨利看起来要离开美术馆了，临走前他回头冲我挥了挥手。

"准备好继续工作了吗？"米歇尔迅速挤出笑容。

她在强颜欢笑，我不喜欢看到她这样。

"一切都好吗？"我问道。

"当然没问题。我想你现在一定好奇这一次要前往哪个时空。"

在我有所反应之前，米歇尔已经走到了一个新的展区。

"我有一个愚蠢的问题。"我开口道，"在这个项目结束之前，我不能离开这座美术馆，对吗？"

米歇尔默默地注视着我，时间久到让我有些不自在。

"抱歉……"

"不必道歉，没关系的。我很欣赏你的坦率。实际上我也不想停下来。"

"你能这么说，我很高兴。"

我来到新展区，琳琅满目的艺术品展现在我面前。它们大多具有欧洲风格，除此之外，我看不出它们之间还有其他什么联系。

"我还有一个愚蠢的问题……就这些艺术品而言，确定它们的年代对一名艺术史学家来说应该不太难吧？其他展区的艺术品都来自某个特定时代。"

"我们要知道的不是艺术品的创作年代，而是隐藏在艺术品中的信息所提供的年份。我们认为这个展区的艺术品来自不同的年代，有些甚至相隔几个世纪。"

我那节省时间的好主意被扼杀于摇篮之中。尽管面前摆满了艺术品，但我最先被一只小瓷猫吸引住了。

"它的设计很有趣。"米歇尔说，"但我每次看到这种眼中有孔的艺术品时，都感到毛骨悚然。显然这是这件艺术品的特别之处。你可以在里面放一根蜡烛，光会从猫眼中透出来，这样这件瓷器就可以作为夜灯，同时能吓退老鼠。"

"真有意思。"我有预感，下一个目的地会有一群老鼠在等我。"它耳朵上的孔呢，有什么用？"

"这种情况不太常见。也许这件艺术品是专为这座美术馆设计的。"

一个精致的柜子醒目地放在展区正中间，表面遍布精美的装饰图案。经过观察，我发现其中一个侧面有一些画与正面的相同。我此刻并不知道这意味着什么，但它一定至关重要。

展区中间悬挂着一块与周围环境格格不入的 A3 纸大小的亚克力板，上面的线条组成了网格，每个格里印着一个字母。这块亚克力板看起来和我见过的任何艺术品都不相同。

"那是什么？一件……现代艺术品？"我问道。

"那是随艺术品一起送来的东西，有信息表明它与墙上那幅画有联系。"

我仔细看了看墙上那幅画。画中的细节十分丰富，各种物品巧妙地堆叠在一起。那是一幅出色的画作，但我看不出它与悬挂的亚克力板有什么联系。

"它和那幅画有什么联系？"我大声问道。

"站到那边去。"米歇尔指着亚克力板后方的地板说道。

我站定后，发现亚克力板与画完美地重合了。这是一种分割、标记画作而又不破坏画作的好办法。

不远处，一块挂毯挂在墙上，上面满是奇怪的花卉图案，像是几十只眼睛在盯着我，让我心慌意乱。虽然它出现在这里一定有原因，但我并不愿在它前面多逗留。

墙上还挂着一幅画。画中有一名男子站在一张桌子边，地上有一个表面有一些图案的大箱子，一条狗抬头看向那名男子。我停下脚步，仔细观察起来。画中的狗全神贯注地盯着男子，似乎对周围的一切所包含的信息浑然不知。有那么一瞬间，它让我想到了自己……

然后，我注意到画中的桌子上摆放着一些物品，这些物品的摆放似乎很有讲究。我感觉自己抓到了某些线索。或许我并不像那条狗。

简单提示：《提示》第2页
中度提示：《提示》第5页
深度提示：《提示》第10页
完整攻略：《攻略》第7页

"这是什么？"我抽出画框后面夹着的一张小字条，问道。

"我不知道。"米歇尔坦言。

仔细研究这张字条后，我发现它与这个展区中的展品有关。字条上靠近底部的三条横线说明，要确定即将前往的地方，我还需要找到三个词。

只要找到年份和三个词，

我就能继续前进。

A	B	C	D	E
F	G	H	I	J
K	L	M	N	O

E		L		N
P		I	O	B
R				K
G		T	D	Y
A		M	S	F

1667 年，伦敦，皇家剧院。

我闭上眼睛，准备应对习以为常的疼痛。这一次，疼痛转瞬即逝，我睁开眼睛时，看到一个穿着长裙的女人独自站在舞台上，正在念一段独白。现在我已经知道，在每一个时空中遇到的每一件事都可能很重要，于是我迅速掏出便签本，匆忙地记下了她的台词。

安萍
我的唇舌该如何掩饰两块姜饼，
与公爵言恨，与奥特勒斯通爱。
让我真的恨公爵吧，我的双眼便可得到安宁，
无眠无休的夜晚便能终止。
我的嘴唇要如何将这些话语宣之于口，
而不受到永久的惩罚。
这并非我心之指引，
鉴于它已被我的嘴神下的攀深深伤害，
若非骄傲与理智留它在此，
它会迫不及待地奔向阿基米德的胸膛，
贴近他的心轻轻低语，
言说我唇舌的虚假。
我为何爱这个男人，
何他表露我仅有的轻蔑和恨意。
振作吧，沉寂的心。
记住这一点，永远记住。
等到冬日降临，
时间将冻结你的热情，
爱慕之情消逝于风中，似四块糖酥饼。
人们说女人爱变心，
然而我早已寻得解脱之路。
若那女人的恶习成了我的美德，
也算一种仁慈。
公爵出场
看他又从何处走来，托着三块杏香蛋糕，
又多么恨他，现在我要满足我的骄傲，
一块肉馅饼填满我的胸膛，以欺骗试装我的唇舌。
注意切勿犯错，听着，
我的心会扰乱你的言语，
所以请背叛我假装出的冷酷无情。

在她换气停顿之际，从她头顶上方传来一个声音："小心！"

一块巨大的木板从舞台上方的格栅上掉了下来，差点儿砸到那个女人身上。她大惊失色，有些愤怒地跑下了舞台。我抬起头，注意到木格栅似乎没安装完，缺失部分的上方标着数字，或许这是一些隐晦的线索。坐在前排的一个男人——观众席上除我之外的唯一观众，方才在一本小笔记本上写写画画——这时面露忧色地站起身来。随后，他注意到坐在后面的我。

"啊，我没看见你进来。你是导演吗？"他问。

"我吗？不，我只是一名观众。"

"那我们是一样的。我叫塞缪尔（Samuel）。"

"我叫亚当，很高兴认识你。"

"你的打扮与众不同。"

我低下头看了看自己的衣服，很诧异在之前去的时空，自己这样的装扮竟然没有引起过多的关注。

"在我的家乡，这样的打扮很常见。"

"我相信。你让我想起了一周前遇见的那位绅士。"

我立刻明白他说的是萨伦。

"他叫阿图尔（Artur）。我想你不认识他。"

"或许我认识。"

"他几乎不和我说话，但如果你想找到他，我建议你去问问漂亮聪明的内尔（Nell）。他们一起待了一段时间。"

"内尔？你是说……内尔·格温（Nell Gwyn）吗？"

"嗯，就是刚才在舞台上的那位女演员。或许你看到女性上台表演，会感到震惊。"

"在这个时代，这绝对算得上夺人眼球。"我开玩笑地说，但塞缪尔似乎没听懂我的调侃。

"看来你得跟上时代了，伙计。"内尔回到舞台上对

我们喊道。

"塞缪尔？"

"什么事？"他应道。

"工人们今天还修缮剧院吗？"

"恐怕是的。"

"这位先生是谁？"她问道。

"这位是……"

"亚当·帕金森。叫我亚当就好。"

内尔上下打量了我一番。

"你一定和阿图尔来自同一个地方。"

"从某些方面来讲是的。"

"他在剧本方面帮了我。无论如何，很高兴见到你。"

话音未落，她就离开了。塞缪尔看到她走了，转身面向我。

"剧院正在进行火灾后的修缮工作，我们希望尽快把它恢复到火灾前的状态。"他说。

"火灾？"

"是啊。你从哪儿来，怎么会没听说剧院的火灾？"

"是伦敦大火吗？"

"我以为你的家乡连报纸都没有呢。"

我尴尬地笑了笑。我如果要避免被人看出破绽，就要谨言慎行。

"整场大火始于布丁巷的一家面包店。你知道吧？"

我在学校学过这部分历史，但现在已经记不清了。为了避免暴露自己的无知，我得把话题转到其他方面。

"我知道……"我支支吾吾道。

"说到面包店，剧院对面有一家面包店相当不错，你要和我一起去吗？"

"好的。"我如释重负地点了点头。

塞缪尔向外走去，我跟在他身后。当我们穿过门厅时，我看到了一张巨幅海报——詹姆斯·霍华德（James Howard）创作并导演的《满盘皆误，疯狂夫妇》的海报。海报上用醒目的字体写着查尔斯·哈特（Charles Hart）和内尔·格温两位主演的名字。

满盘皆误，
疯狂夫妇

由久负盛名的詹姆斯·霍华德先生创作

到来，惊叹，重建，享乐

由詹姆斯·霍华德先生导演

主演

国王陛下最忠诚的仆人

查尔斯·哈特

&

内尔·格温

皇家剧院

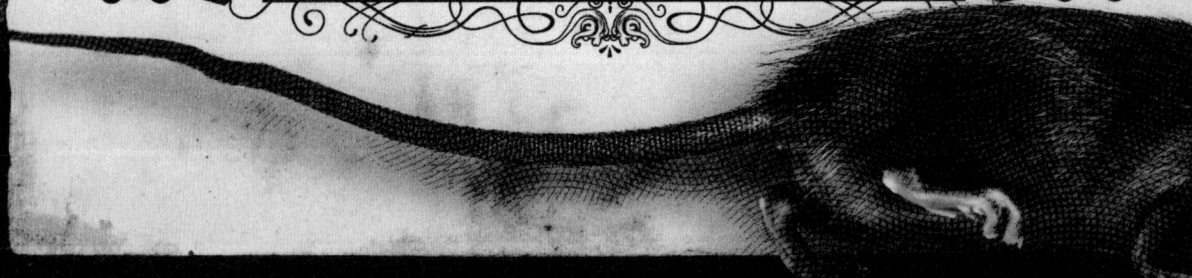

"内尔说阿图尔在剧本方面帮了她？"我问道。

"这有什么问题吗？"塞缪尔反问道。

"可海报上面写着剧本是詹姆斯·霍华德创作的。"

"是的。内尔不识字。阿图尔把她的台词念给她听，这样她就能记住台词了。不识字也能记住所有台词，这真是了不起的成就。"

他看着手里的笔记本，情绪激动。"当然，我在文章中对她的讽刺并没有因此而减少。"

原来还曾有这样的时代——并非人人都识字，这不免让我有些惊讶。我们走出剧院，伦敦街道上难闻的气味扑鼻而来。这和我在几个世纪后看到的景象截然不同。街道脏乱不堪，看起来十分原始，就像我此前去维多利亚时代的伦敦所看到的。我看了看塞缪尔，发现他的外套口袋中插着几枝花。他拍了拍它们，对我笑了笑。

"小心不为过。"

这些花是用来掩盖难闻的气味的吗？他为什么要说小心呢？我很好奇，但不想再暴露自己的无知。走向面包店的途中，我们绕过了几个围成一圈唱歌跳舞的孩子。

"很高兴看到孩子们不再害怕了。"

"那场大火一定很可怕。"

"不，我的朋友，他们正是因为大火才能聚在一起玩耍，因为大火终结了瘟疫。"

瘟疫？他口袋里的花一定是用来驱散他们认为引起瘟疫的"糟糕空气"的。

"等一下。"

"怎么了？"

"或许我没有完全理解你的意思。你说大火终结了瘟疫，这到底是怎么回事？"

"大火烧毁了一大批最肮脏、最破败不堪的建筑物，因此也烧毁了那些产生糟糕气味的脏东西。"塞缪尔自信满满地解释道，随即又拍了拍他的花。

我无意在瘟疫起源的问题上纠正他，我想火灾一定是以另一种方式终结了瘟疫。或许它驱赶并杀死了老鼠和它们身上的跳蚤，阻断了瘟疫的传播途径。无论如何，我很庆幸自己来到的不是一年前的伦敦。我无法想象要如何忍受比现在的气味更难闻的气味。

"我们到了。"塞缪尔推开门，一股令人身心愉悦的香气向我飘来。

一块牌子挂在嵌在墙中的巨型烤炉上方，上面罗列了店内提供的商品和服务以及它们相应的价格。我被上面的货币单位搞得云里雾里。这是我闻所未闻的，而且货币单位的换算方式与我惯用的简单的十进制差别很大。

价目表

籽香蛋糕 .... 1 法新

白面包 .... 1 法新

黑面包 .... 1 法新

葡萄干松饼 .... 2 法新

糖酥饼 .... 2 法新

蜂蜜蛋糕 .... 2 法新

意大利饼干 .... 3 法新

姜饼 .... 3 法新

肉馅饼 .... 1 便士

一盒肉馅饼（12 块）......... 2 格罗特

烤乳猪 .... 3 先令

派对餐饮提供 .... 2 克朗起

全年面粉供应 .... 1 英镑

"你不是本地人吧？"店主看出我的窘迫，猜测道。"其实非常简单。1法新等于1/4便士。1格罗特等于4便士。3格罗特等于1先令，也等于1鲍勃。5先令等于1克朗，4克朗等于1英镑。很简单，对吧？"

我很快就意识到，即便知道了每件商品的价格，在钱包空空的情况下，我也无法在这里购买任何东西。另外，身处一个瘟疫潜伏的时空，无论这里是否发生过火灾，我认为吃这里的东西都是极其不明智的做法。

"我只想欣赏一下你的烘焙技艺。"我回答道。

"你有什么想吃的吗？"店主问道。

"其实我什么都想吃，但是……"我尝试找个借口，"如果我在这儿吃饱了，之后回家吃不下饭，我的妻子会不高兴的。"

塞缪尔选购了几样东西，用零钱付了账。

"你的朋友不再来这里了，这可真让我松了一口气。"店主对他说。

"你是说阿图尔吗？他做了什么？"塞缪尔问。

"他总是用1英镑买十件商品，然后坚持让我用最少数量的硬币找零。我们怎么可能时时备足那么多零钱呢？"

塞缪尔尴尬地笑了笑，拿起他买的东西带我走了出去。他走到店外，坐在一条长凳上，狼吞虎咽地吃着一个肉馅饼。我们默默地坐着，直到塞缪尔突然开口。

"显而易见，火灾是一场悲剧，但我们必须试着从消极事件中看到它积极的一面。"

"你是一个乐观主义者，塞缪尔。"

"当然了。看那边。"

他指了指剧院。剧院外面堆放着一堆木板，它们将被用在有需要的地方。"我们必须重建剧院，但在这个过程中，我们可以将剧院建得更好。"

我也是这么想的，他的话深深地引起了我的共鸣。我回想起自己的第一辆车。当修车工告诉我修理那辆车的价格等于一辆新车的价格，它已经不值得被修理时，我的心情是多么沮丧。

类应

英镑

国王

法新

格罗特

克朗

当然，花一大笔钱让那辆几乎已经不值一钱的车重新上路没有必要。当时，我刚大学毕业，第一份工作是在一家报社做实习生，薪水很低。我意识到如果必须花钱，那不如选择升级换代。因此，我升级了自己的座驾。从此以后，只要我的生活中有任何物品损坏且无法修复，我就会买个更好的，这样我就不会觉得花钱买了同样的东西。这使得消极事件走向了积极的一面。

当然，生活用品的升级换代与伦敦整座城市的升级改造有着天壤之别。我一边想，一边看工人们修缮剧院。

"我完全赞同你的观点。"我说。

"尽管我们来自不同的地方，但在很多方面都很相似，这真令人愉快。这里的情况已经有所改善，我们现在有训练有素、能及时灭火的消防队。我们必须重整旗鼓，向前迈进。"

塞缪尔吃完东西，站了起来，示意我跟他回剧院。我们走进剧院，内尔正等着我们。

"我有东西要给你，亚当。"我们一进门，她就拿出一张纸递给了我。

"谢谢。"我惊讶于她的直爽，然后低头一看，这是一页剧本，上面的内容正是她之前在舞台上念的独白。

"如果你再见到阿图尔，请把这个送给他作为纪念。他说要我把它交给在他之后来的人。这就是他读给我听的那个片段。"

"我会的。"

　　我低头看着剧本，觉得台词中的某些内容值得进一步研究，于是决定细细研读一番。我必须找到口令，并且速度要快。参观面包店的经历很愉快，但它消耗了我宝贵的时间。

只要找到阿图尔留给我的口令，

我就能继续前进。

简单提示：《提示》第2页
中度提示：《提示》第5页
深度提示：《提示》第10页
完整攻略：《攻略》第8页

满盘皆误，
疯狂夫妇
查尔斯·哈特

安菲
大人，您最好去面见公爵，
以示对他的尊敬。

奥特尔
夫人，谨遵您的命令。

演员退场

安菲

我的唇舌该如何掩饰我的真心，
与公爵言恨，与奥特勒斯道爱。
让我真的恨公爵吧，我的双眼便可得到安宁，
无眠无休的夜晚便能终止。
我的嘴唇要如何将这些话语宣之于口，
而不受到永久的惩罚。
这并非我心之指引，
鉴于它已被我的嘴种下的孽深深伤害，
若非骄傲与理智留它在此，
它会迫不及待地奔向阿基米德的胸膛，
贴近他的心轻轻低语，
言说我唇舌的虚假。
我为何爱这个男人，
向他表露我仅有的轻蔑和恨意。
振作吧，沉寂的心。
记住这一点，永远记住。
等到冬日降临，
时间将冻结你的热情，
爱慕之情消逝于风中，这不是真的。
人们说女人爱变心，
然而我早已寻得解脱之路。
若那女人的恶习成了我的美德，
也算一种仁慈。

公爵出场

看他又从何处走来，我多么爱他，
又多么恨他，现在我要满足我的骄傲，
以轻蔑溢满我的胸膛，以欺瞒武装我的唇舌，
注意切勿犯错，听着，
我的心会扰乱你的言语，
所以请背叛我假装出的冷酷无情。

公爵

待安菲莉亚孤身一人，厌倦新的

法新　便士　格罗特　先令　克朗　英镑

"霍华德？"我感觉这个名字似曾相识。当我喊出这个名字时，塞缪尔和内尔都疑惑地看着我，但耳机没有任何反应。这很奇怪。

"你说的是这部剧的编剧？"塞缪尔试探地问。

"对！我在海报上看到过他的名字！"意识到这一点，我兴奋地叫出声来。

走到海报前，我看到霍华德的名字出现了两次，而夹在两个"霍华德"之间的词是"重建"。一道闪光从耳机中迸出，蔓延到我的全身——我找到了口令。

"重建！"我大声说道。

"你还好吗？"内尔问。

"我没事，"我说，"但还不太确定阿图尔要告诉我什么。"

我的耳机发出嘀嘀声。剩余的时间比我以为的少。

"恐怕我得走了，像阿图尔一样。"我说。

"很高兴见到你，亚当。"塞缪尔温和地说，"或许我们会在未来相见。"

"或许是在过去。"我开玩笑地说。

"也许吧。"他疑惑地说，佯装理解了我的意思。"希望你不介意我在日记中写下关于你的事。"

我突然明白了我一直在与谁对话。我探头看了看他一直攥着的小笔记本。封面上写着他的名字：塞缪尔·佩皮斯（Samuel Pepys）。我笑了笑。

"塞缪尔，你最好不要在日记中直接提及我。"

"你无须多言，我明白。你本不该出现在这儿，所以不想被人发现。别担心，我会把这当成我们之间的小秘密。"

"那就再好不过了。再见了，内

塞缪尔·佩皮斯

尔。我必须说，见到你是我的荣幸。"

"我们都是艺术爱好者，对吧？"内尔问。

"差不多吧。祝你演出成功。"

"谢谢。"

我觉得自己应该向他们脱帽致敬。甚至为了向他们致敬，我应该戴一顶帽子。然而，让他们亲眼见证我凭空消失并非明智之举，尤其其中还有一位知名作家，并且他的日记将在我生活的时代广为流传。因此，我辞别他们，走出了剧院。耳机的嘀嘀声越来越急促，当我意识到在伦敦嘈杂的街道上找到一个隐蔽的地方比想象中困难时，我的笑容消失了。

我看了看面包店，店里仍旧人满为患。街道上熙熙攘攘，我找不到合适的地方。我突然想起了剧院外面的那堆木板——我可以藏在木板后面！我转过拐角，发现两名工人正费力地把一大块木板抬进剧院。

"能帮我们一下吗？"其中一名工人喊道。

我点了点头，一方面是因为我不想因断然拒绝他人的请求而给人留下深刻的印象，另一方面是因为我不知道该怎么解决眼前的难题。在我帮助他们抬木板时，耳机的嘀嘀声变得更为急促。工人们向我道谢后走到外面去搬另一块木板。我飞快地推开一扇门，发现里面是试衣间，一位老人正在试穿戏服。我向他道歉，然后冲向另一扇门。我回到了观众席，令人欣慰的是，这里空无一人。我长舒了一口气，集中精神默念口令。

口令是什么？恐慌和压力让我的大脑一片空白。口令是一个名字？哈珀？不，是霍华德，戏剧的编剧。海报上，夹在他名字中间的词是——

重建。

一股电流贯穿了我的全身，我的心脏剧烈跳动。我专注地默念口令，它将我带回了美术馆。

我回来的时候，米歇尔正等着我。

"看样子你度过了一个开心的小假期。"她开玩笑地说。

"那里的食物不错，不过天气有点儿糟糕。"

"你实际上什么都没吃，对吧？"她退后一步问道。

"当然没有。但是那些吃的看起来确实很诱人。"

"这次你收获了什么词？"

"重建。"

"真有意思，你去了王政复辟时期的英国，然后得到了'重建'这个词。萨伦告诉你的真的是这个词吗？"

"是的。但他没有直接告诉我，只是引导我找到了这个词。或许他是为了避免影响未来。他留下线索，让我自己找到了它。"

"也许吧。无论如何，干得漂亮。你已经找到四个词了，还剩两个。现在，你可以去苏塔医生那里吗？"

"当然，那件病号服穿起来非常舒服。"

我和米歇尔保持着一定的距离，走进了医疗区。

"你想我了吗？"

"你看起来非常高兴。"瑞特说。

"是的。我想我们最后会成功。"

"是吗？"

"是的。因为这次的口令是'重建'。它的近义词是'复原'。"看到瑞特把那杯准备已久的橙汁递给我，我不由得笑了。

"我想我没什么事。你不介意的话，这次我想好好睡一觉。"

瑞特点了点头。做完常规检查后，他就把灯关了让我好好休息。遗憾的是，脑子里纷乱的想法让我几乎没睡着。

第五章

墨西哥

我睁开眼睛，映入眼帘的是穿着全套生化防护服的瑞特·苏塔医生。

"你睡得好吗？"

"很不好。"

瑞特笑了。

"所以下次还是来点儿镇静剂？"

"好主意。"

"我有一件小礼物要送给你，它是维塞尔公司研发的，但我没有参与研发工作。我认为它肯定对你有帮助。"

瑞特递给我一只耳机，它与我时空旅行时戴的那只类似。

"把它戴上。"他说，"它的续航时间更长，耗电量更低。"

我听从他的指示戴上了耳机，一阵轰鸣声随即在我耳边回荡，那感觉就像有什么东西在刮我的耳膜。我吓了一跳，随后轰鸣声慢慢变成舒缓柔和的嗡嗡声。这样的声音让人很安心，就像风扇在炎热的夜晚发出的呼呼声。

"它有什么用？"我问他，很快便听到了轻轻的回声。这让我感到不安。

"你没发现吗？"他回答道，然后走出了医疗区。

我眨了眨眼睛。经历过多次时空旅行，我已经习惯了瑞特的存在。事实上，我几乎已经学会从他那被生化防护服闷住而变得模糊的声音中寻求安慰。可在此次交流中，他的态度与之前有所不同。他变得更为强硬，甚至是执拗。我决定接受他给我的礼物——这么做或许有些轻率，毕竟这件礼物来自一个在我身边始终穿着生化防护服的人。

我跟着他走出去，看到米歇尔正站在一个新的展区中。这里的艺术品有着明显的墨西哥风格，米歇尔正盯着一幅画，画中有一位头戴鲜花的女人。

"弗里达·卡罗（Frida Kahlo）。"

米歇尔听到我的脚步声后说道，"毫无疑问，这并非她的作品，而来自她的仰慕者。"

我点了点头，环顾四周。我渐渐

习惯了这个流程，并将注意力集中在眼前的任务上。

"我有件事要告诉你。"米歇尔说。她的声音有些发颤，恐惧涌上我的心头。

"发生了什么事？"

米歇尔举起一台平板电脑，轻敲屏幕，播放了一段视频。

"国际新闻。此前在欧洲肆虐的不明感染原现已被确认，为新型奈瑟菌。这类细菌是引发脑膜炎和淋病等疾病的罪魁祸首，现已在全球范围内传播。一百五十多个国家和地区出现了该细菌引发的疫情。"

"等一下，奈瑟菌？"我脱口而出。

"是的，灾难降临了。"米歇尔严肃地宣布。

事情的严重性显而易见。一个我们试图解决或想完全弄明白的假设性问题转瞬之间就变得异常真实。

"怎么会这样？"

"我不知道。突变和自然进化时有发生。然而，能够具备有效传播的各种因素的疾病实属罕见：由细菌引起的疾病的致命性不能太强，不然细菌就没有时间找到下一任宿主；同时，疾病的传染性必须足够强，以便细菌在疾病症状出现之前得以传播。看来，由这种新型奈瑟菌引起的疾病就是这样的。"

"我该去工作了。"我说。

米歇尔点点头，并将我常用的那只耳机递给了我。此时，它已经充满了电。

环视展区，我立即被一幅绘有骷髅跳舞场景的画作吸引

了目光。画中具体描绘的骷髅一共有八个，每一个都拿着不同的东西。

"这描绘的应该是地狱。"米歇尔主动开口道，"死者拿着的是与他们生

前工作相关的物品。"

我点了点头，无法判定这是不是一种病态的表达。我理解不同的文化对待死亡的方式不同，但这种方式在我看来过于欢乐了。我看这幅画的时间有些长，因此迫使自己移开了目光，毕竟还有工作要做。

接下来，我注意到一块摆放在柔软的黑色天鹅绒上的镶金边玉坠。它下部的垂饰有黄、红、黑三种颜色。这块玉坠美丽至极，价格极有可能超出我的承受范围，所以我忍住没有触碰它。

玉坠旁边放着一个罐子。罐身的上半部分绘着斗士，让我想起了古希腊风格的艺术品，罐身下半部分在"见多识广"的我看来则十分怪异——绘有两个骷髅头，它们很像我刚才在画上看到的那些，或许这两件艺术品有关联。两个骷髅头之间写着一串数字和"La fecha"。

米歇尔提示道："La fecha 在西班牙语中的意思是'日期'。"

"所以，这可能与我要前往的时代有关？"

"我认为是的。西班牙表示日期的方式和英国的一样，按日、月、年排列。"

她提供的信息对我很有帮助。我感激地点了点头，继续观察。

引起我注意的最后一件展品被放在玻璃框里，悬挂在墙上。它似乎是一幅壁画的一部分，虽然年代久远且模糊、残缺，但细节足以彰显其艺术价值。

壁画上颜色各异的箭头吸引了我的注意。我怀疑其中隐藏着一些信息，但信息到底是什么呢？

墙上还挂着一幅现代墨西哥地图，上面用英文标着许多城市的名字。

"或许我要前往的是现代墨西哥的一座城市？"

"我都不知道你还会说西班牙语。"米歇尔惊讶地说。她似乎是在开玩笑……可这个玩笑让我摸不着头脑。"没错，看起来是这样的。"她说。

"我想我还需要确定日期，对吧？"

"是的，这一次你需要确定年、月、日。希望这样就足够了，除非我们判断失误。"

只要找到要前往的地点和日期，

我就能继续前进。

简单提示：《提示》第3页
中度提示：《提示》第6页
深度提示：《提示》第11页
完整攻略：《攻略》第10页

1953年4月14日，墨西哥城。

我闭上眼睛，等待疼痛袭来。然而，这次什么也没有发生。我睁开眼睛继续看着眼前的画——或许我需要更加专注。我又闭上眼睛，反复默念日期和地点，还是什么都没有发生。

"你只要用心去看，就能从艺术作品中收获更多。"一个陌生的女声从我身后传来。

我睁开眼睛，又看到了这幅画。莫非，我已经穿越了时空？突然，我意识到身边有不少人在走动。我在维塞尔美术馆见到的画确实依然在我眼前，但它和我如今都在另一座美术馆之中。我来到墨西哥城了吗？我转过头去寻找声音的来源——正是画中的女人，她躺在展厅正中间的一张四柱床上。弗里达·卡罗本人就在我面前，被大片鲜花和画作环绕着。她似乎将自己作为一件大型艺术作品的一部分来展示，并且占据了整个展厅的大部分空间。

"弗里达·卡罗？"我问。

"是什么暴露了我的身份？"她缓缓坐起来，笑了。

"我知道你是谁，你不觉得惊讶吗？"我问。

"在我的家乡，你前来看我的画展，这里到处都是我的作品，不少作品中还有我。如果你不认识我，我反而会惊讶。"

经历多次时空旅行后，我理应表现得更好，但我似乎还是会说出些蠢话。幸运的是，此前我需要掩饰自己的无知，以及我对身边历史人物的了解程度，但眼下的情况让我可以更自由地展现自己。

"嗯，我是一名艺术爱好者。"

"请原谅我不能亲自带你参观画展。"她对我说，并朝展厅内的一个方向招了招手。

　　我望向她招手的地方，那边的门上贴着一个标志牌。一名高大的男子站在门口。他发现我在和卡罗交谈，上下打量了我一番。他是在对我进行评判吗？然后，他微笑着朝我走来。

　　"卡罗女士，请允许我来招待这位贵宾。"经过弗里达时，他说。

　　"非常感谢。"说完她便躺了下去，看上去很疲惫。

　　"请您跟我来，我带您四处看看。我叫维图（Vittu）。"

　　"我叫亚当。"我说道。我们离开前，我转身向弗里达道别。

　　"我必须向您致歉，刚才没有看见您进来，否则我会向您提供更多与展览相关的信息。"维图说。

　　他说这话时似乎在笑。在成百上千的参观者之中，他为什么独独招待我？他知道我是谁吗？他了解我的任务吗？他知道我在进行时空旅行吗？他曾经见过萨伦吗？一连串问题在我的脑海中涌现，我决定赌一把。

PRAN 4

TOOL 5

　　"你该不会认识一个叫萨伦的人吧？"维图听后笑了。我认为这是个好兆头。

　　"我来为您介绍卡罗女士的一些展览作品。"他回应道，巧妙地转移了话题。可这足以让我知道我需要格外关注他所说的一切。

　　"这次展览从头到尾都是由卡罗女士一手策划的。很不幸，她一生中的大部分时间都疾病缠身。她小时候患过小儿麻痹症，十八岁时遭遇了一场车祸，因此她无法生育。您会在她的画中看到很多猴子，也许她把它们想象成了自

己的孩子。"

　　也许弗里达·卡罗躺在床上并不是刻意为之或者别出心裁的艺术设计，仅仅由疾病所致。又一次，我在穿越到的时空中遇到与疾病有关的人或事。我不确定维图是否应该告诉我弗里达的个人经历，除非他有必须这么做的理由。

　　突然间，我注意到他带我经过了几幅绘有树木的画。我看清上面画的是什么时，笑了起来。这条线索显而易见，是猴谜树。

　　维图轻轻拍了拍我的胳膊。是时候继续前进

SLIT 6

BRAN 7

TRUL 5

SHUL 6

了——我盯着猴谜树太久了。我跟着他继续参观画展，走马观花地看了壁画、肖像画和其他色彩缤纷的艺术品。我想停下来细细观察，不只是为了欣赏它们，更是为了寻找可能藏于其中的信息，但维图坚持继续前进。

最后，我们在几朵花前停了下来，每朵花都有一个不同寻常的名字。然而，我越琢磨越觉得这些并非花的名字。不知怎么的，我觉得它们更像是与花有关的字母与数字的组合。维图突然开口，打断了我的思绪。

"我虽然很想直截了当地问您想知道些什么，但如果能引导您去了解我认为您会感兴趣的事物，应该对您更好。"

"我想你早就知道了我的兴趣所在。"

"我们姑且称之为合理的猜测吧。"

通过这些遮遮掩掩的话，我依旧无法百分之百确定维图对我的情况了解多少。以往萨伦总是尽可能地减少自己对未来的影响，留下的信息都恰好能传递给我并帮助我，但对其他人来说毫无意义。然而，维图表现得像是比我更了解我和我的任务。

维图示意我到他站着的位置，这里恰好在弗里达的视线范围之外。我察觉到他对这种游戏得心应手——如果"游戏"这个词用得恰当的话——仿佛他习惯于仅展示需要别人看到的东西。

"这是我画的。"他说，"我坚持要在这里放一幅我的作品。我一向有办法让别人同意我的请求。"

我看向这幅画。维图的绘画风格与弗里达的并非大相径庭。这幅画描绘的是弗里达的居所"蓝房子"的窗户。我以前看过这栋房子的照片，但这扇窗户有些不同寻常——窗户的周围和窗玻璃上画有一些图案。

我还没进一步研究，就感觉芒刺在背——有人盯着我的一举一动。我瞥了一眼，发现维图正面带微笑地注视着我，他的笑容中还有一丝骄傲。我不敢与他讨论这些图案，生怕他因我只顾着寻找隐藏信息而非单纯欣赏画作而生气。随后，我意识到，他是因我关注图案而感到骄傲——他知道我发现了他留下的线索。

BLES 4

"这是……？"我开口问道。

"嘘。"他制止了我，同时环顾四周。我能看出他担心别人看到我们，或者说担心我们引起别人的注意。他鬼鬼祟祟的举动让我怀疑弗里达是否真的知晓他的画在这里展示。

"这里到处都有猴子，对吧？"我换了个话题。

"当然了。弗里达非常喜欢它们。"

"我听说是这样的。"

"猴子和花。"维图继续说。

一个想法突然在我脑中闪现，我走到一个能看到弗里达的位置，看到她的头发上别着一朵我之前未留意到的独特的花，于是暗暗记下了它的特征。

在经历了多次时空旅行后，我信心满满，于是胸有成竹地指向弗里达头发上的花："那朵花非常重要，对吧？"

维图神情大变。他变得十分严肃，然后匆匆地朝我做了个手势。

"我们不能在这里谈论这些，跟我出去。"

我照做了。街道上刺眼的阳光和美术馆里昏暗的光线形成了强烈的对比，我眨了几下眼睛，然后将双眼眯了起来。

"你知道是谁影响了她吗？"维图指着我们身后的墙问道。

我回头一看，发现墙上张贴着一张宣传弗里达画展的招贴画，上面还有一个我熟悉的符号——维塞尔公司的"W"。

"我猜是我加入的那个组织。"我承认道。可维图并没有露出特别惊讶的表情。他一定是那个与萨伦有联系的

人，而萨伦告诉维图的有关我的信息一定比告诉其他人的多得多。

"那么，你认识一个叫萨伦的人吗？"

"认识。但我们讨论的重点是弗里达。"

我点了点头，示意维图继续说。

"她已经时日无多了。你所认识的萨伦对即将发生的事情了如指掌。"

"他在这里吗？"

"嗯。"

我本能地朝四周张望，但只看到一个身穿风衣、戴着墨镜的人从报纸上抬起头，怀疑地盯着我。

"虽然弗里达在艺术方面的影响力将在她去世后持续存在，但她的作品常常被旅游业当作赚钱的工具。"维图指了指路边的一个小摊，摊上售卖的东西即便放在我生活的时代最糟糕的旅游景点，也不会显得不合时宜。

"那些廉价的纪念品是为了让有钱的外国人买回去，好时时感受墨西哥的文化气息。但说真的，那些都是垃圾。弗里达的艺术作品已经被过度商业化了，最终会沦为大众市场的垃圾。你认为一个人的幸福是取决于他们在一生中取得的成就，还是其所作所为的潜在价值？"

"我认为，你如果对自己的所作所为满意，那么能否见到辛勤付出的成果就不那么重要了。"

"你能这样想，我很高兴。"维图说道。可这并没有打消我的疑虑。他到底对我和未来了解多少？"你认为这些纪念品与墨西哥，甚至与弗里达的生活有多大关联呢？"他问道。

"我想它们就和画展招贴画上的神秘图案一样，是向无知的人推销东西的一种手段。"

"没错。向他人推销东西会影响他人的行为，这种影响有时是好的，有时是坏的。然而，你如果无意中做了坏事，并且没有预见到最终的后果，那你算坏人吗？"他若有所思地问。

我们的谈话转向哲学层面，这是一个我无法完全理解的领域。更糟糕的是，维图说出这句话后，就像程序突然卡住了，无论我如何恳求，他都对我的提问充耳不闻。他只是站在那里，目不转睛地盯着那个摆满纪念品的摊位。

我能感觉到维图在暗示些什么，但在他没有提供更多背景信息的情况下，这似乎只是一个具有诱导性的问题，试图哄着我说出一些将来可能令我后悔

的话。是他还是其他人在试图操纵我去做一些我不该做的事情？一些会导致"糟糕"后果的事情？"特洛伊木马"又萦绕在我心头。我有太多问题找不到答案。

耳机里传来嘀嘀声，它提醒我是时候关注手头的任务了。我的任务就是找到口令，然后利用它回去。考虑到一旦失败自身安全就会受到威胁，我决定暂时先集中精力找口令，等时间充裕时再思考其他问题。

一个念头从我的脑海中闪过：我可以换种方式利用这次独特的旅行。和我此前到过的时代不同，此次时空旅行所到的时代非常接近我生活的时代，我在这里生活不难。我如果选择留在这个时代，也就是我出生前四十年，从过去中学习，并且利用自己了解的关于未来的知识来避免一些我知道的即将到来的灾难，那会怎么样呢？

这是行不通的。看着维图，我知道这条路行不通。他知道的比他透露的多，至少我敢肯定他知道的比我多，而他正试图引导我回去。我必须像之前一样相信他和萨伦。更重要的是，我知道这个时代的未来，但不知道我生活的时代的未来，也不知道世界将如何终结。我必须相信自己所做的事是正确的，并将带来"好"的结果。

无论如何，这座美术馆内外的一系列相互关联的线索应该指向一个词，而找到它是我回去的唯一途径。我回想自己看到的一切，试图找到一个对我来说有意义的口令。

只要确定所有事物之间的联系，并且找到口令，

我就能继续前进。

简单提示：《提示》第3页
中度提示：《提示》第6页
深度提示：《提示》第11页
完整攻略：《攻略》第10页

143

flores（西班牙语的"花"）。这个词就像一道闪电在我的脑海中划过，我知道我找到口令了。花会是消除灾难的关键吗？它会是我们的救星吗？我看向维图，他冲我点点头便转身离开了——他的任务是帮我找到口令，现在他完成了任务。与此同时，我感觉电流带来的刺痛感传遍了我的身体。

我闭上眼睛时，突然明白了为什么我对他有一种奇怪的感觉，这源于我对他一见如故、他与我谈论的哲学话题，以及他提出的意味深长的问题……

随着刺痛感渐渐消失，我睁开眼睛，不禁喊出了真相。

"他是萨伦！"

"欢迎回来，亚当。"米歇尔小心地问，"萨伦是口令？"

"不……他就在那儿……就在 1953 年。他在等我，指引我找到口令。"

"那口令是什么？"她问道。

我踌躇了一下。萨伦对其身份的隐瞒令我不安，突然间，我对一切都失去了信任。米歇尔只关心我历经千辛万苦找到的口令，这让我感觉，相比于我的任务，我的生命安全是次要的。或许事实正是如此。

"花……花。"我喃喃道。

我当然知道我的任务可能比我的生命更重要。在我们交谈时，一场灾难正席卷全球。相比之下，我个人的生命当然不值一提，米歇尔如此急切地想知道应对灾难的方法情有可原。

"花？"她不解地问。

"这对我们有什么帮助吗？"

"目前我还不清楚。我们面临着一场灾难，新型奈瑟菌正在攻击人类，或许有一种特别疗法会以'特洛伊木马'的形式出现，就藏在什么东西里面，并且跟花有关？"

"也许花就是藏在'特洛伊木马'里面的东西？"

"有这种可能。那么，是哪种花呢？"

"我想我得再去一个地方才能找到答案。"

"现在还不能去。"瑞特·苏塔医生说。他穿着

我熟悉的生化防护服，站在医疗区门口。

我回想起每次我旅行回来后他都表现得极度谨慎，比米歇尔还不愿靠近我。现在看来一切都合情合理，他一直都是对的。从我的第一场冒险开始，"灾难"就降临了。虽然这并非我的行为导致的，但我不由自主地认为自己需要负一定的责任，毕竟我参与了这个项目。难道维塞尔公司不该在知道人类即将面临灾难时就告知政府或公众吗？

毫无疑问，任何掌权的人都不会相信我们通过时空旅行在古埃及找到了"灾难"这个词。我猜测，他们即便相信，也和我们一样不知所措。

我跟着苏塔医生离开了展厅，像此前一样进入医疗区，然后一眼就看到了放在桌上的橙汁。想起上次冒险前糟糕的睡眠，我将它一饮而尽。

"现在我说我更喜欢苹果汁的话，是不是晚了？"我问瑞特。他的脸隐藏在防毒面具后面，但我可以从他头部的小幅度晃动中看出他在笑。环顾医疗区，我看到墙上挂着一块我从未见过的画有 5×5 网格的白板。

此前墙上没有东西，所以它非常引人注意。我凑近看了看——这是我在时空旅行中养成的习惯。网格中左上角方格的边框被加粗了，而且这样的方格沿对角线排列到网格右下角，右下角方格的右边写着大大的"−1"。

"美术馆中只剩最后一个展区需要探索了，是吗？"瑞特的提问打断了我的思绪。我不情愿地把注意力从网格上移开。

"是的。我需要把你送给我的耳机还给你吗？"

"拿着吧。你还会用到它的。"

"用到它？它到底有什么用处？"

"好吧，我不知道你还会说西班牙语呢。"

"我不会，我没说过。"

他笑了起来。"直觉告诉我，如果没有这只耳机，你的墨西哥之旅将困难得多。"

原来如此。一切都有迹可循，比如我说话时听到的轻微回声——这只耳机以某种方式翻译了每句话，不仅是我说出口的，而且还有我听到的。我认为这项技术的强大程度足以与时空穿越设备相媲美。

"你知道自己接下来要去哪儿吗？"瑞特问道。

我摇了摇头。在此之前我并没有思考过这个问题，但我的好奇心驱使我看了一眼展厅。有些东西一眼就能看到，比如木乃伊棺和弗里达·卡罗的画像。然而，我无法完全看清最后一个展区内的艺术品。那个展区中央似乎摆放着一个蓝色球体，它内部的 LED 灯闪闪发光。我不禁因即将前往的目的地而兴奋，同时又有些忐忑不安，因为一切将在最后那个展区尘埃落定。

"你知道吗？我见到他了。"

"谁？"

"萨伦。在我之前的那位时空旅行者。"

"他为何给你留下这样零碎的线索，你有什么头绪吗？"

"我想他是想帮我们阻止一场灾难，但我担心为时已晚。"

"你认为这和新闻播报的内容有关吗？"

"有可能。我总感觉维塞尔公司在孤注一掷。我真的很担心。如果我哪次失败了，那么消散在时间长河中的不仅仅是我，还有可能是阻止这场灾难的唯一机会。"

瑞特走了过来，温和地拍了拍我的胳膊。我本以为他会借此机会抽我的血，但他没有。

"我觉得你做得很出色。"他说。停顿了一会儿后，他继续说道："从某些角度看，此次冒险之旅可能专属于你，但我很高兴能参与其中。"

他又停了下来，专注地看着我，然后点了点头，走到白板前，在第一行方格里写下"SAREN"（萨伦）。他盯了白板一会儿，接着一言不发地走出了医疗区，留下百思不得其解的我。尽管橙汁里的镇静剂已经起效了，但我还是感觉紧张不安。

突然，我灵光一闪。不对，我忽略了一些东西！我抬头看向白板，努力想弄明白白板上的内容，但大脑反应已有些迟钝。我必须集中注意力。这是什么意思？我知道此事至关重要，还不能昏睡过去。"集中注意力，亚当！"我不停地眨眼睛，试图保持清醒。

只要能发现白板隐藏的秘密，

我就能继续前进。

简单提示：《提示》第3页
中度提示：《提示》第6页
深度提示：《提示》第11页
完整攻略：《提示》第12页

瑞特。苏塔医生。时空旅行者的那些名字是他在其他时空里用过的假名。如果我取第一个假名的第一个字母，第二个假名的第二个字母，以此类推，然后找到字

母表中这些字母前一位的字母，就能拼出"Rhett"（瑞特）。

我受镇静剂影响的大脑在尽可能地飞速运转。瑞特为什么要对我隐瞒身份？生化防护服只是他掩盖身份的工具吗？此前他以医疗安全为借口拒绝与我直接接触，并且知道将与我在墨西哥见面。

瑞特·苏塔医生就是来自未来的时空旅行者。他就是萨伦。他一直在给我留线索，而所有线索都指向可能造成灾难的"特洛伊木马"！他就是罪魁祸首吗？他是坏人，造成了可怕的后果？是他把新型奈瑟菌散播到这个对其毫无戒备的世界，并且利用我……他到底为什么要利用我？

我必须找到米歇尔，向她汇报我得知的情况。我挣扎着从床上爬起来，但已经神志不清。

我倒在了医疗区的地板上。

第六章

未 来

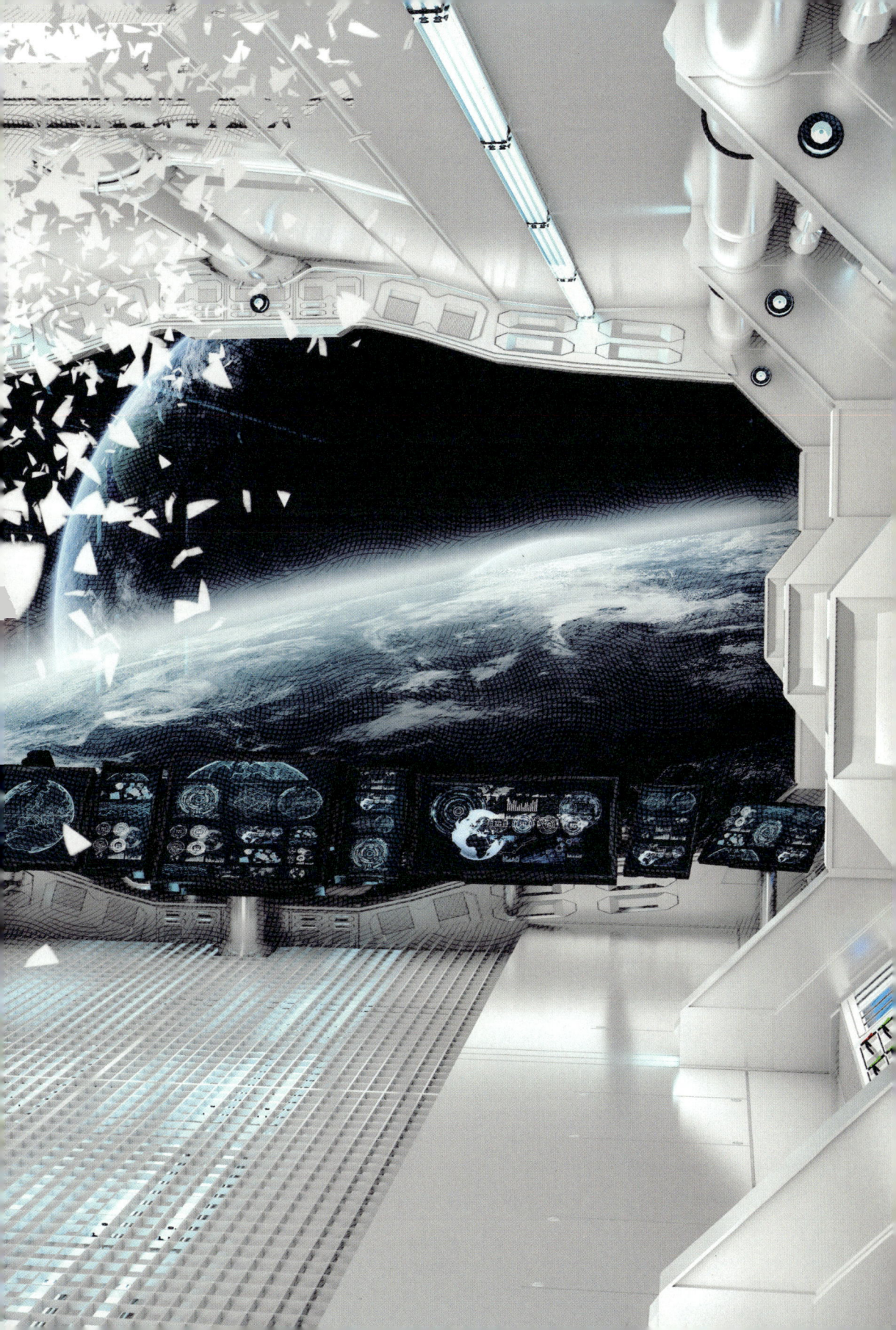

瑞特就是时空旅行者。

我正拼命集中注意力，想记住一些信息时，米歇尔把我摇清醒了。

"亚当，你还好吗？"

"我还好……"我说，"我喝了加镇静剂的橙汁，但是瑞特……"

她打断了我的话："他走了，穿着那身生化防护服，若无其事地走出了美术馆，没有留下一句话。我进来看到白板上的网格后，就明白了一切。他就是萨伦！我们正在尽全力寻找他，但是……"

她耸了耸肩。

"我们怎么一直都没有发现？除非……你知道？"

"我不知道。"

"你见过他没穿防护服的样子吗？"

"当然见过。毕竟在你来之前，他没有必要穿上防护服。但我不知道他是谁。我认为他不对你示以真面目是因为他知道你们会在墨西哥碰面。他必须在你不知道他身份的情况下，在墨西哥引导你，确保你完成任务。因此，他才会在这里谨慎地穿着防护服。"

"那细菌感染导致的灾难……他就是特洛伊木马吗？是他穿越时空导致了这一切吗？"

"如果是这样，那他何必大费周章地把艺术品交给我们？这毫无道理。"

"所以，现在我们失败了吗？"

"我觉得还没有。一切还没结束。亚当，你的工作还没结束。"

"美术馆的最后一个展区！"

米歇尔点了点头。我一跃而起，冲回展厅。

最后一个展区的色调是黑色的，整个展区看起来非常现代。就在此时，我意识到瑞特送我的高科技小礼物还在我耳朵里，因他将我玩弄于股掌之间而产生的不快让我想把它扔了。不过，我努力克制住自己的冲动。

"他给了我这个，我还需要戴着吗？"

"这是什么？"米歇尔问。

"你不知道吗？"

这到底是什么？是瑞特用来监听我的设备吗？我想不是，毕竟我戴着它进行的唯一旅行，他也参与了。不过，我打心底里不想再戴着它了，因为我对瑞特的欺骗行为感到愤怒至极。我把它递给米歇尔，她很不情愿地从我手上接了过去。

"这到底是怎么回事？"我的情绪爆发了，"我信任你们所有人！这次行动如此机密，他却能成功渗透到公司内部！"

"我很抱歉，亚当。我从未怀疑过瑞特，因为他直接受雇于我的丈夫。"

"那瑞特为什么要来这里？他不能自己去做这些事吗？"

"我想，这个问题的答案你恐怕得等这次旅行结束才能知道。"米歇尔说完，指了指我眼前的蓝色球体，两只耳机正静静地躺在它旁边。

我研究了一下充满电的用于时空穿越的耳机，然后像此前一样戴上了它。我又拿起瑞特给我的耳机仔细观察。我注意到，当耳机靠近蓝色球体时，球体的光芒变得更耀眼了。

球体发出的蓝光似乎并非来自内部的 LED 灯或其他显而易见的光源。相反，这个球体自身似乎就是一个光源。我弯下腰仔细观察，发现它的侧面刻着一些符号。我站直身子，俯瞰球体，看到还有一些符号在其顶部围成一圈。

我眨眨眼，移开了目光。为了保护自己的眼睛，也为了在必要时能同时观察这两组符号，我决定在纸上先记下位于球体顶部的符号。记好后，我转身去观察挂在一旁的绘有未来城市的画，画中有些建筑的外形很特别。

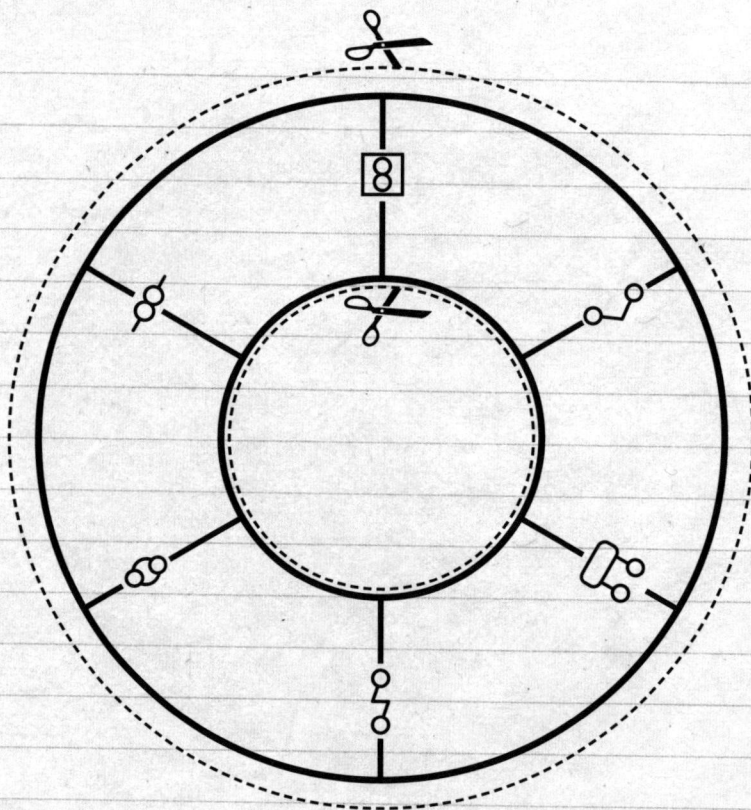

新乌托邦

"你想去未来看看吗？"米歇尔主动开口问道。

"这一直是我的梦想。"

"真的吗？"

"我相信每个人或多或少都有这样的想法。我总觉得我们被所处的时代过度限制了。例如，我的祖父在互联网出现之前就去世了，我经常想，他如果能看到短短几十年后的科技成就，会有什么反应，是否会惊叹于我们能在瞬间获得海量知识。技术变革给生活带来的变化太惊人了。毫无疑问，每个人都想知道，接下来会有什么意想不到的发明改变世界。"

"我记得我的老师告诉我，我们需要学习列竖式进行乘法运算的原因是'你手边不可能总放着一个计算器'。小小的计算器的发明，也是具有革命性的。"米歇尔点头表示赞同。

我想了想，接着说："但我想，学习列竖式进行乘法运算不仅仅是让我们知道怎么得出计算结果，不是吗？老师们如今仍然在学校里教授这些内容，即使科技已经使这些计算技能显得过时了。"

"当然。因为无论科技发展到多么完善和先进的地步，我们仍然需要这些技能，主要原因是人在操作时难免会出错。"

"有道理。"我思考了一会儿，"就算是现在，你也需要知道你所预期的答案大概是什么样的，这样你才能相信科技给出的结果，或者意识到自己按错了计算器的按钮。"

"我们应该避免盲目相信科技的力量。"米歇尔说。

如果我们早点儿进行这番对话，我就不会在一无所知的情况下使用瑞特给我的耳机了。另外，我很难想象有一种人工智能竟能随机应变，帮我解决在时空旅行中遇到的难题。如此看来，老师们果然有先见之明。

我把注意力集中在手头的任务和即将开始的未来之旅上。瑞特为什么要让我去未来？他为什么不把我需要的信息直截了当地告诉我？特别是，如果我即将去的正是他生活的时空呢？

我注意到眼前的画名为《新乌托邦》。这听起来就像是一个虚构的地方，但任何一个我从未听说过的地方不都是这样吗？画的名牌下方还刻着一些图案，它们的线条非常清晰，不可能是随意刻的。

我又看了看米歇尔，想知道她是否有话要说。可她只是微笑着对我耸了耸肩。看来她也不明所以。

"这里的展品是怎么来的？"

"是时空旅行者萨伦，也就是瑞特捐赠的。"她纠正了一下。

"这是怎么做到的？他是怎么把自己生活的时空中的东西带到这儿来的？"

"我想你从来没试过从其他时空带东西回来。"

"我确实从没考虑过这件事。"

"有一种猜测认为，用来穿越时空的耳机会创造出一个场，其中可移动的东西都会随你一起移动。不然，你在每次时空旅行中都可能丢点儿东西，比如另一只耳机、装在你的衣服口袋里的任何东西。"

我突然意识到我浪费了很多机会。然而，这当然也……

"也包括病原体——我的衣服上会附着微生物。"

"所以，每次你回来，我们都会给你做检查。"

一想到就在我们谈话的同时，有一种疾病正在全球肆虐，我就沉默了。它可能并非源于我，但它的出现一定和我脱不了干系。找到美术馆展品中隐藏的信息是我的首要任务，这不仅是为了让我不去想自己有可能是罪魁祸首之一，也是为了让我能专心完成任务，看看自己能否亲手结束这一切。我看到一面墙上挂着一块带有一些线条的织物。

"那是窗帘吗？"我问。

"它更像是衣物，或许是一条围巾？"米歇尔说。

"为什么要在这里挂一条围巾？"

她耸了耸肩说："如果它是一千年前的文物，那它出现在古埃及展区时你是不会惊讶的，对吧？"

"但这不一样。"

"是吗？"米歇尔笑了。

"这不就是在普通商场里能见到的商品吗？"

"可能在未来的某个时代是的。它的材质和你

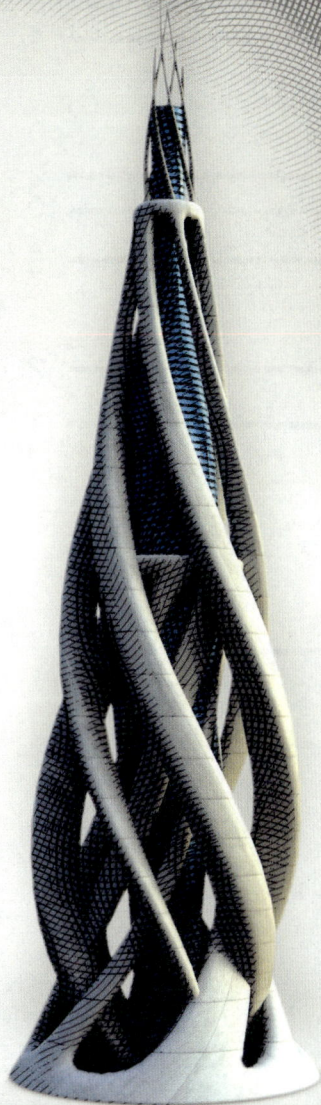

4

3
0
5

2
1

现在能找到的任何一种材料都不尽相同。它防水、防污，非常结实，十分轻薄，同时也非常保暖。对了，它还能有效隔绝光线。"

"你确定这不是遮光窗帘吗？"

"我的意思是，它对某些人或某个时代来说可能是常见的物品，但对我们这个时代来说独一无二。所以，它为什么不能挂在这儿呢？"

"今日的垃圾是明日的宝物？"

"意思差不多。但它恰恰相反——明日的垃圾是今日的宝物。同样，这个东西本质上只是一盏由电池供电的吊灯。"

我环顾四周，以为会看到一块发光的水晶，但我的希望落空了。顺着米歇尔的目光，我看到了一盏极为普通的吊灯。它是如此普通，以至于我没把它当作展品。

"别告诉我它使用的技术远超于现代的技术。"

"从某种意义上说，是的。灯内是LED 灯泡，和我们现有的别无二致。这盏灯真正的特别之处在于放置在其中的电池。这盏灯不需要电源线，你看到的那条线只是一根用来把灯吊在天花板上的绳子。"

"也许它是充电式的。"

"也许吧，"米歇尔扬了扬眉毛说，"但我们不知道怎么给它充电。也许它使用的是某种我们尚未掌握的无线充电技术。"

"那么，它的先进之处在哪里？"

"自这座美术馆落成以来，它就一直亮着，完全不需要充电。它的电池容量难以估量。"

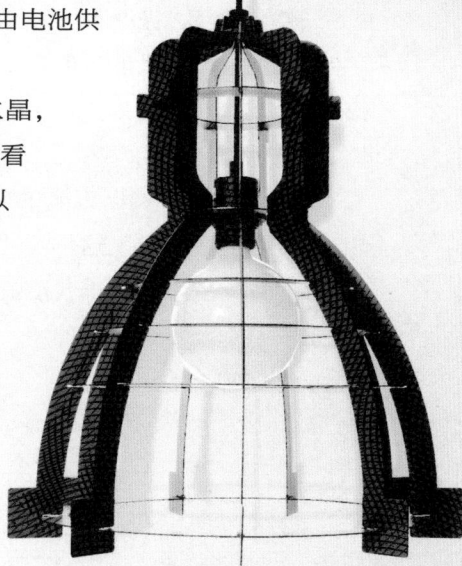

"这太惊人了。单方面的技术突破会带来连锁效应，比如更大的电池容量能支持设备拥有更多的功能，就像我们升级了手机电池，手机才有可能拥有彩色显示屏和接入互联网的功能。"

"没错。另外，我们对这盏吊灯的控制是通过一些我们无法理解的无线连接技术实现的。"

她指了指墙上，我才注意到一个不起眼的金属旋钮。它像是一个调光器，而且像是 20 世纪 70 年代的产物。为什么这盏灯会出现在这里？瑞特为什么要把这样一件科技产品带过来？未来肯定有比这更先进的东西吧。

"还有一个东西，我们甚至连它的功能都不清楚。"米歇尔说，"或许它只是一件艺术品。无论我们如何研究，都无法揭开它的秘密。"

她指向一个巨大的灰色金属齿轮。它看起来很有科技感，但不知道是用来做什么的。在我看来，它可能是一台洗衣机的零件，或者是一件纯粹出于审美目的而存在的艺术品。

利用我在这个展区看到的所有展品，我需要确定一个未来的年份和地点。或许我要去的就是这个叫"新乌托邦"的地方，但我觉得这个答案过于明显了。如果答案是某个我没听说过的地方呢？我只能相信，凭借目前积累的经验，我只要找到正确的词，就能在第一时间确认，即便这个词不会令我马上联想到某个地点。

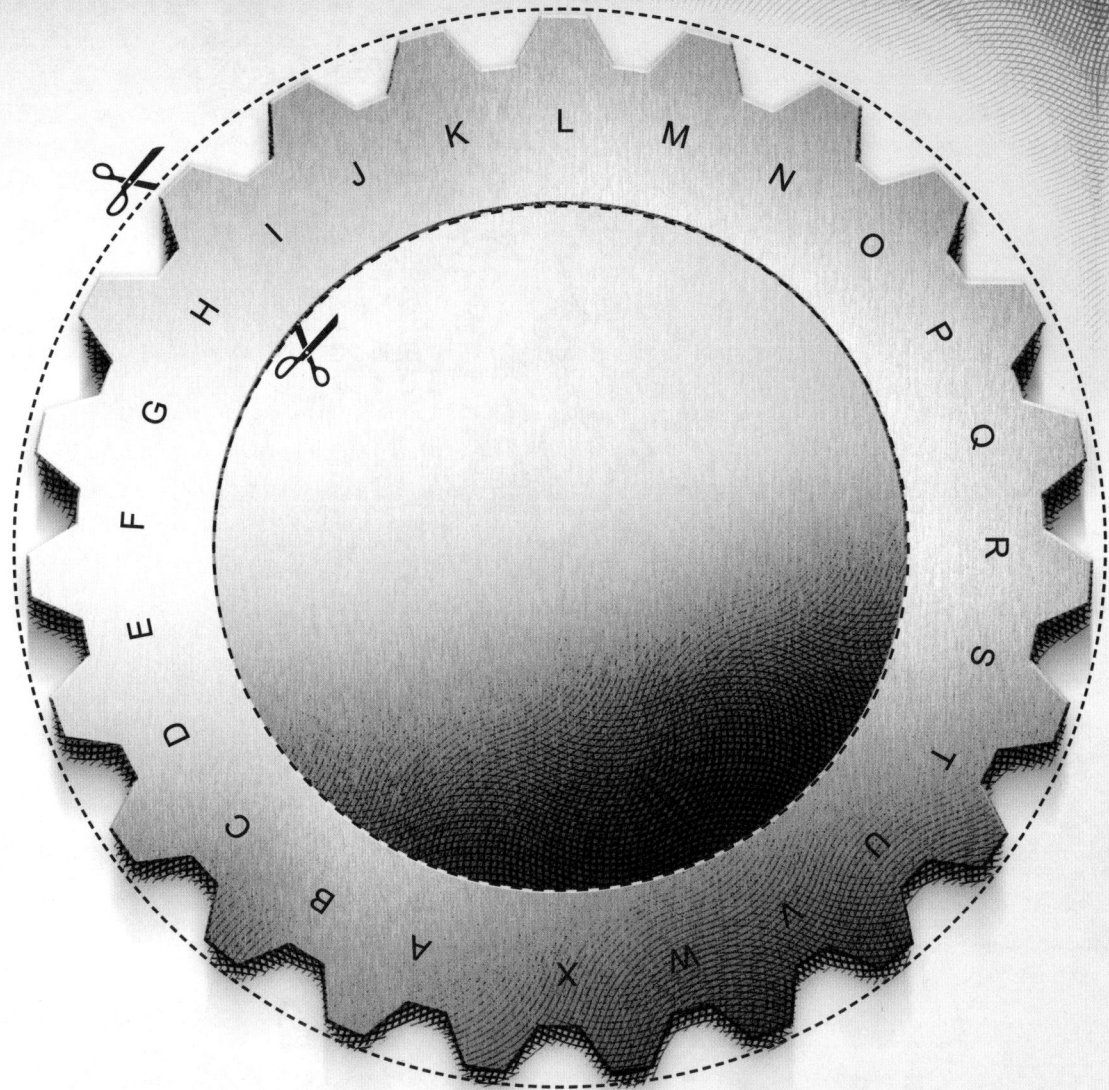

只要确定一个四位数的年份，
以及一个我需要的词，

我就能继续前进。

简单提示：《提示》第3页
中度提示：《提示》第6页
深度提示：《提示》第12页
完整攻略：《攻略》第13页

I.S.V. 维塞尔

2410 年，维塞尔。

熟悉的电流再一次传遍了我的身体，马上要将我带向未知的地方。我不知道在那里会出现何种景象，对"维塞尔"意味着什么也一无所知。我最后看了一眼忧心忡忡的米歇尔。她看着我，朝我点了点头。

我再睁开眼时，眼前出现了一堵白色的墙，上面有"I.S.V.维塞尔"几个大字，字的边缘闪闪发光。

悦耳的女声在我周围响起。"欢迎来到维塞尔国际太空飞船（International Space Vessel Wexell）。"

无论我内心暗暗期待什么，这都是我始料未及的。我转过身，看到身后有一扇巨大的窗户。舱室内的照明系统似乎察觉到我正透过窗户往外看，于是迅速调暗了舱室内的光线。在我目之所及的范围内，一片星辰渐渐浮现。令我害怕的是，窗外的景象在不停变换。我感觉自己是静止的，但显然这艘飞船正在太空中疾驰。

"请准备紧急降落。"女声发出警告。

　　我向窗户冲去，正好看见一个巨大的蓝色星球。我下意识地认为那就是地球，但它与我见过的任何一张地球照片都大相径庭。我出现了惊恐发作的症状，呼吸变得急促，感觉情况不妙。很久以前我发作过一次，但自认为已经痊愈。现在，我意识到自己离家、朋友和家人几千，不，可能是几百万公里，同时相隔几个世纪，出现惊恐发作的症状合情合理。毕竟，我所处的地方太特别了。我倒在地板上，任由恐惧将我吞噬。

　　这样不行！我努力压抑自己的恐惧，把注意力放在手头的重要任务上。鬼知道我肩负什么重任！我闭上双眼，尽己所能地深呼吸，然后强迫自己爬起来，在舱室内四处走动、观察。

　　这里的照明主要由几个我曾在美术馆内看到过的蓝色球体提供。舱室比我想象中的宽敞。我一直觉得将任何东西发射到太空都需要巨大的能量，因此在太空中享有大空间极其奢侈。

　　舱室中央有一个控制台，控制台中央似乎镶嵌着一块面板。我猜它是显示屏，于是伸手碰了碰它，希望能激活它，但什么也没有发生。我就像五十年前的人面对现代智能触屏手机时一样困惑不解、茫然无措。

　　幸运的是，我从科幻电影中了解的丰富知识有可能帮到我，至少我受电影的启发，尝试与这艘飞船的操作系统对话。

　　"计算机？启动计算机。"我尝试着说道。

　　舱室内一片寂静。这是我最后一次相信电影里的情节了。我必须行动起来，特别是在面临紧急迫降的情况时。或许我该遵循某种特定的程序行事？我能在飞船坠毁前完成任务并离开这里吗？

　　我冲向一面没有发光文字和窗户的墙，墙边有一张摆放着小型植物的干净桌子。这里更有二十一世纪的感觉。桌子上方有一个搁架，上面摆满了书。有些书我见过，它们见证了历史的伟大进程，而有些书我完全没见过。

创造新
乌托邦
2015年
萨姆韦尔

物种起源
1859年
达尔文

理想国
公元前380年
柏拉图

莎士比亚
全集
1634年
莎士比亚

新生
1292年
但 丁

时间简史
1988年
霍金

相对论
1922年
爱因斯坦

识字的
用途
1957年
霍加特

在搁架旁边、靠近门的位置贴着一张示意图，它看起来像是我所在的太空飞船的平面图。图上不同的舱室用不同的颜色加以区分。在一个名为"H-实验室"的舱室中，一个白点正在跳动。我猜测这表明了我目前所在的位置。我凑近一看，"你在此处"的标注证实了我的猜想。

亚当，前往医疗舱。

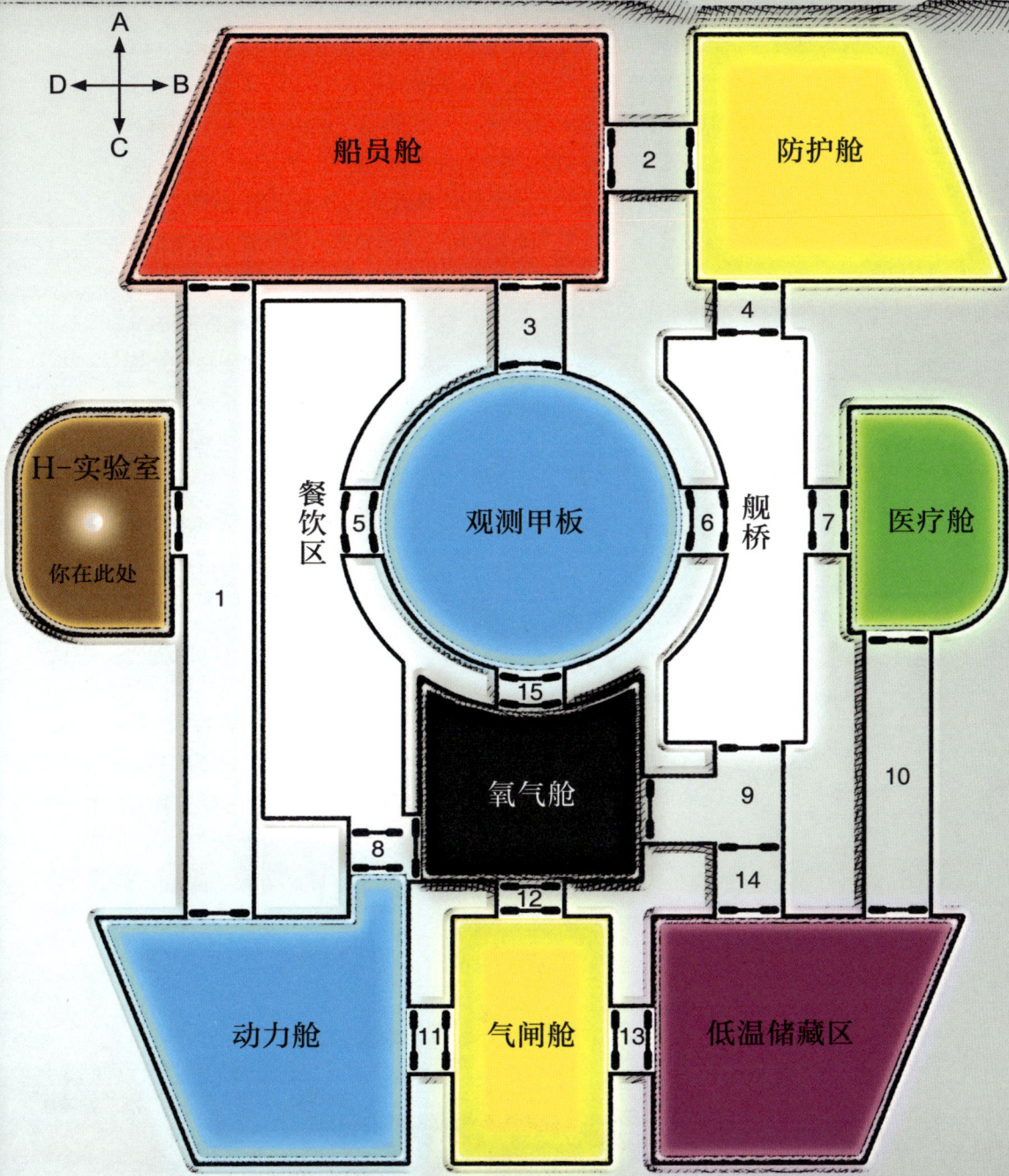

A
D ← → B
C

船员舱

2 **防护舱**

3

4

H-实验室

你在此处

1

餐饮区

5 **观测甲板** 6

舰桥

7 **医疗舱**

15

9

10

氧气舱

8

14

12

动力舱

11 **气闸舱** 13 **低温储藏区**

未 来

现在，我有些不知所措，几乎无法判定什么重要、什么不重要，只能肯定舱室中央的控制台很重要。

从与刚才不同的角度观察，我注意到控制台的一角有一块小小的牌子。上面有一幅人的侧脸的简笔画，几条弧线从嘴部向外扩散。这表明这艘飞船确实采用了语音控制系统，而我需要找到正确的激活口令。简笔画下面有八条短横线，像是在暗示激活口令的字符的组合方式。

我觉得这些还不足以帮助我找到正确的激活口令。我再一次搜查实验室，发现这里除了我，确实再无其他人了。

有一块黑色写字垫板挂在"I.S.V. 维塞尔"几个大字所在的那面墙上。垫板上夹着一份维护日志，上面列出了一串令人担忧的问题。

我走向实验室内唯一的门，想看看能否去其他地方。然而，接下来不仅没有出现每一部科幻电影中都有的那种大门一感应到人靠近就自动开启的场景，而且即便我用了所有可使用的暴力手段，大门也纹丝不动。我被困于

维护日志

由于飞船维护需要，4 号和 6 号走廊已关闭。

氧气舱的门出了故障。不要使用 B 侧和 D 侧的门。

为了保证空气流通，只能使用医疗舱 D 侧的门。

动力舱内有危险的粒子流，严禁进入。

此，必须以某种方式激活控制系统才能出去。当然，我希望这发生在飞船坠毁之前！

鉴于这个舱室里的东西是我眼下能接触到的所有东西，找到激活控制系统的口令应该不太难。我确信我只要说一个单词就能激活飞船的控制系统。

只要找到那个熟悉的单词，

我就能继续前进。

简单提示：《提示》第 3 页
中度提示：《提示》第 6 页
深度提示：《提示》第 12 页
完整攻略：《攻略》第 14 页

未 来

"Rhett（瑞特）？"

一瞬间，飞船的控制系统被激活了。灯光照亮了舱室，一个全息人影慢慢浮现——从下到上逐像素显现。与此同时，它根据我的位置旋转，校准自身的朝向，直至最后形成完整的巨大人影——正是那个一直欺骗我的男人。

"你一定就是亚当了。"他，或者说它猜测道。

"瑞特。"我面无表情地说，对这个人的不满已经让我对眼前的"灯光秀"都提不起兴趣了。"也许我该叫你维图，或者萨伦。你的真名到底是什么？"

"你知道我是谁，或者至少知道我是谁的影像，这样事情就简单多了。"

"所以你不是真的他？"

"当然不是。我是瑞特·苏塔医生的全息影像，是由飞船上的计算机生成的。"

"我以为他是通过视频通话之类的技术在跟我对话。"

"并不是，但我能从你的态度中看出来，你确实对他没有好感。"它的推断很正确。

"他欺骗了我。"

"亚当，无论真正的瑞特对你做了什么，我代他向你道歉，但请相信他那么做是有正当理由的。"

"他对我撒谎，假装成我所生活的时空中的人以获取我的信任，并且操控我。"

"你也进行过时空旅行，对吧？你回到过去时，就没有对其他人做过类似的事情吗？"

我思索了一番。我做过类似的事情吗？我做过，但那是为了阻止灾难发生。如果他也出于同样的目的呢？我在时空旅行中对那些无法理解事情原委的人隐瞒自己的身份。瑞特也是这么对待我的吗？我对他过于苛刻了吗？

"我遵从他的指示，不做对未来有任何影响的事。"

"他也是这么做的。你的当下就是他的过去。但现在你来到了这里，这种情况倒是很特别。"全息影像卖了个关子。作为一个全息影像，它竟然深谙吸引观众的技巧。

"为什么特别？"我脱口而出。

"亚当，你还没明白吗？谁都不能改变过去，因为这会引起一个悖论，它可能改变促使你回到过去的原因。这是一个经典的时间线问题。想象一下：你如果在小时候目睹了心爱宠物的死亡，成年后回到过去救了它，那样孩提时代的你就不会失去宠物了。然而，在这种情况下，成年后的你也不会回到过去救它的命。你看出其中的问题了吗？"

"当然。所以宠物最终会死去，而这又会让我回到过去，我就这样陷入一个无尽的循环。"

"这实际上是两个循环，因为其中存在两条时间线。"全息影像察觉到了我的困惑。作为计算机程序制造出来的影像，它的反应似乎过于真实了。"但这些都不重要，重要的是你来到了这里。"

"我为什么会来到这里？"我追问道。

"你不能为了改变未来而直接影响过去，瑞特也是。但你显然可以通过影响未来而改变过去。这就是你来到这里的原因。"

全息影像的话让我一头雾水，它也发现了这一点。

"你可以从这个角度理解——灾难就是驱使你来到这里的原因。灾难、奈瑟菌、特洛伊木马、重建、花，以及你将从这里得到的某个口令构成了瑞特想让你知道的重要信息。"

"灾难？你们在我生活的时空引发了灾难，让几乎全世界的人都被细菌感染了！"

"不，那不是灾难，它的危险程度要轻得多，你就把它当成一个小挑战吧。那只是一次预演，能教会人类如何应对即将到来的事情。"

"我不明白。那不是真的灾难吗？"

"在你生活的时空，奈瑟菌引起的是非致命性的传染病，亚当，它还未酿成灾难。而在这里，变异的奈瑟菌传播速度极快，并且在入侵人体时悄无声息。由它引起的疾病在被我们发现之前，就已经席卷了半个地球，就像过去的瘟疫和你们正面对的传染病一样。你们面对的奈瑟菌经过自然进化，是引发这个时空疾病的根源。最初，即便它的传染性极强，它也没有太大危害，但在几个世纪后的当下，它已变成一种引发高致死率疾病的细菌。所以，我们选择在你生活的时空留下种子。"

"你的意思是，在我生活的时空，奈瑟菌暂时不会对人类构成严重

威胁？”

“没错。”全息影像说，“传染病在你生活的时空出现仅仅是让你们做好应对灾难的准备。”

“好吧，现在我该做什么？我肯定没法阻止你们这个时空的传染病暴发，否则会导致无尽的循环。”

“确实如此。维塞尔公司研发了独一无二的时空旅行设备，也就是那只耳机。”

“不是有两只耳机吗？”

“另一只仅仅是通用翻译器。它能帮助你在墨西哥熟练地使用西班牙语，我们还把一只这样的耳机交给了塞浦斯特雷斯。当时我们没有时间教那个时空的人来协助你。”

一切都豁然开朗，但我依然不明白：我如果不能阻止这场灾难，又能帮上什么忙呢？全息影像的话打断了我的思绪。

“各国政府纷纷找到维塞尔公司，恳请我们运用技术回到过去，用某种方式拯救人类或者警示人们灾难即将到来。维塞尔公司都拒绝了。”

“你们知道不能通过改变过去来阻止一切。”

“全球已有数十亿人丧命，但维塞尔公司无能为力。我们提出了一个计划，那是为了拯救剩余人类的最后一搏。瑞特·苏塔医生乘坐科学考察飞船去寻找能阻止奈瑟菌的东西。我们所有的抗生素对在你生活的时空就已是大难题的超级细菌同样无能为力。”

“他寻找了多久？”

“不是他，是我。他和宇航员们都安然无恙地待在飞船上，处于休眠状态，与此同时由我寻找存在生命迹象的星球，或任何可能成为下一个家园的星球。”

“他现在在这儿吗？”

突然，暗红色的灯光笼罩了整个舱室，尖锐的警报声让我宛如置身于音乐节现场的扬声器附近，令我浑身颤抖不已。

“不。他已经出发，进行时空旅行去了。而我们即将迫降。”

“你们的计划是什么？你们想出了什么计划？我不明白！”我声嘶力竭地喊着，试图盖住警报器的声音。这时，我听到尖锐的警报声中又多了一个刺耳的声音。

未 来

"没有时间了。你必须进入医疗舱保护自己以降低因撞击而受伤的风险。快去吧。"

舱室的门打开了，出于求生本能，我开始狂奔。我还记得飞船的平面图，于是朝着目的地飞奔而去。通道两旁有蓝色球体为我照亮道路，而我甚至没有时间感叹人类工程学所创造的奇迹。

我在撒腿狂奔时突然意识到，夹杂在飞船警报声中的刺耳声音是我的耳机发出的。我的时间所剩无几，我不知道自己还能做什么，甚至不知道能否在飞船迫降中幸存。耳机快没电了，如果没有电，我就无法回去，更别提完成任务了。突如其来的颠簸把我甩到了医疗舱外的走廊一端，我几乎失去了知觉。

耳机传来持续的嘀——我意识到耳机快没电了。耳机最终归于安静——我被困在这里了。我挣扎着站起身来，被控制走廊内舱门的电路板迸发的电火花溅了一身。

通往医疗舱的门被炸开，压力变化导致飞船震动了几下，我也因重心不稳而摇摇晃晃。飞船降落在我早些时候远远看到的那个蓝色星球上，并以某个角度成功着陆。不管怎么说，我能活下来已经非常幸运了，毕竟人在遭受撞击的飞船中存活下来的可能性微乎其微。

我跟跟跄跄地向医疗舱走去，发现除了蓝色球体，其他照明设备都因断电而熄灭了。球体发出的光足以让我看清进入医疗舱的路。舱室内的一张桌子正中间放着一个盒子，盒子上有两个发光的字："亚当"。我打开盒子，发现里面放着一台平板电脑。我想，这一切安排都是为了确保一件事——即使飞船迫降，我也能发现它。

我拿起平板电脑，屏幕上出现了一段留言。

我不假思索地划动屏幕，看到一篇标题为"萨普百合"的文章。我想那是一种花，也许其中含有能对抗奈瑟菌的抗生素。如果我能在飞船外面的某个地方找到它，或许它能在未来拯救人类；有必要的话，也能拯救我生活的时空中的人。我拿着平板电脑，朝气闸舱走去。一想到要走出飞船，我不禁有些忐忑。虽说平板电脑告诉我会平安无事，但穿着航天服出现在陌生的星球上绝非常事，更别提不穿航天服了。我不确定自己是否会窒息，或者被大气中的某种有毒物质毒死，但我的恐惧并没有持续很久——我发现飞船上有一个因撞击而留下的大洞，一块岩石穿透金属板伸入舱室内。既然我还活着，那走出飞船也一定没问题。

我深吸一口气，走出飞船。外面遍地黄沙，如同荒漠一般。我在飞船外走了一会儿，周围空无一人。这里是太阳系外的某个地方，根据全息影像所言，这个时候人类很可能已经灭绝了。这种孤独感让人平静，同时也让人心生敬畏之情。没有办法回家，一切都变得毫无意义，人类灭绝的必然性使我摆脱了日常生活中的压力。我如果死在这里，就再也不用担心赶不上火车，再也不必出于礼貌为不好笑的笑话笑出声，当然也不用洗碗了。因此，这儿看起来还不错。

亚当，感谢你前来。到飞船外面去吧。这个星球拥有可自由呼吸的空气。这是我们能找到治疗方法的唯一地方。后面的文章可能对你有所帮助。

　　不过，我既然到了这里，还是尽力去找找萨普百合吧。我放眼望去，目之所及是一望无垠的荒漠。我回头看了看飞船，注意到那块穿透金属板的岩石。

　　岩石下方有一个小小的洞口，里面是一个隐秘的洞穴。显然，全息影像对飞船有一定的控制权，使它准确地落到我需要去的地点上方。我弯下身子进入洞口，一些会发光的植物将洞穴照亮。我沿着陡峭的小路向下走，藤蔓从洞顶垂下，蘑菇状的植物生长在洞穴地面上，从某个未知源头——也许是地下水，或任何有助于这个星球诞生生命的东西——攫取养分。

　　我看了看平板电脑，它自行扫描了整个洞穴，并且向我展示周围所有生物的生物学表征，以及我正在寻找的植物的 DNA 链。显示屏上绿灯亮起，说明目标就在这里，我离成功只有一步之遥，但哪一种植物才是我的目标？成败在此一举，我必须找到萨普百合，这样就能得到一个由五个字母组成的单词——一个我在此前的冒险中见过的单词。

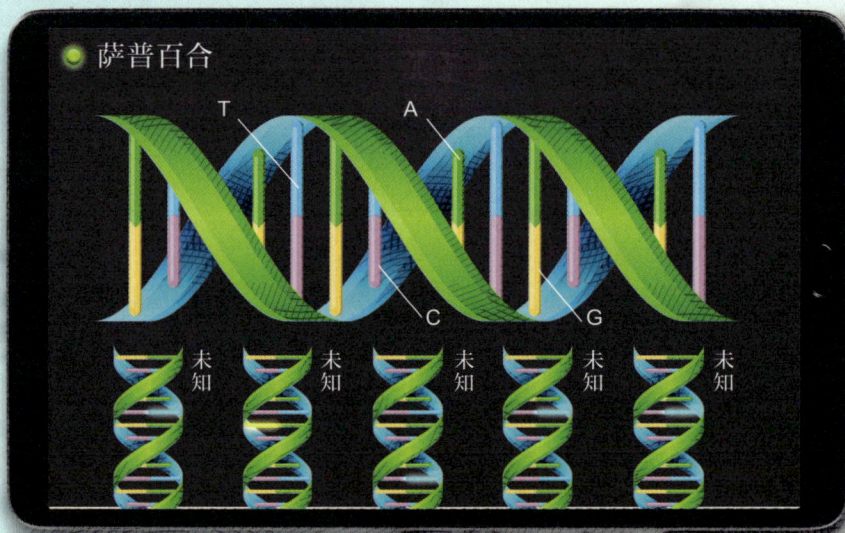

萨普百合

T　A　C　G

未知　未知　未知　未知　未知

只要找到这个单词，

我就能继续前进。

简单提示：《提示》第3页
中度提示：《提示》第6页
深度提示：《提示》第12页
完整攻略：《攻略》第16页

维图（Vittu）！藤蔓就是我要找的植物！瑞特的一个假名就源于其 DNA 序列。我取了一段藤蔓，以便后续从中提取抗生素。我迈着轻快的步伐回到飞船上。

我按捺不住想跟所有朋友一起庆祝的激动之情，仿佛他们就藏在飞船周围，准备给我一个策划得最为巧妙的史诗级惊喜。当然，这是我的痴心妄想。除非我能找到回家的口令，并且穿越时空，否则我的余生都将在此度过。

我在自己的"新家"里来回踱步，绞尽脑汁地思考。找到"灵丹妙药"的喜悦之情正在迅速消退。飞船还没有恢复动力，我在走回 H-实验室的路上没有看到任何对我有帮助的东西。我在家里连车都修不好，更别提在短时间内弄清楚这艘飞船的复杂结构了。

我刚踏入实验室，瑞特的全息影像就出现了。它一定是将仅剩的能量都留在了这一刻。

"H-实验室是'全息影像实验室'（HOLO LAB）的简称，对吧？"我问道，并且为自己弄明白最后一个疑问感到高兴。

"亚当，我太为你骄傲了。"全息影像说道。这一定是提前设定好的夸奖之词，但我听着很开心。

"可这又有什么用呢？耳机已经没电了。"

"亚当，你已经克服了那么多困难，还会倒在这样的小事上吗？这不是耳机第一次没电，对吧？"

如果能找到回家的办法，
我就能继续前进。

简单提示：《提示》第3页
中度提示：《提示》第6页
深度提示：《提示》第12页
完整攻略：《攻略》第17页

我终于意识到，在未来的太空飞船上为电子设备的电量发愁是一件多么愚蠢的事情。如果我被困在古埃及，那才是身陷险境。很显然，在技术如此发达的时代，这里一定有能为耳机充电的装置，并且我知道该怎么做。

我取下耳机，小心翼翼地把它放在一个蓝色球体上，希望这个球体有我之前见识过的无线充电功能。球体瞬间发出更深的蓝色光芒。

我对瑞特的全息影像感激不尽，不然还不知道要干坐在这里多久才能想到这一点。

"充电需要多久？"

"只需要一到两分钟。"瑞特的全息影像回答道。

我在时空旅行中长了很多见识，但从某种意义上说，这种无线快速充电技术才是一项真正具有革命性的技术。未来的某些科技成果，如时空旅行设备、全息影像技术，以及太空飞船，似乎都离我的生活过于遥远。可无线快速充电技术这个小小的进步，与我的生活息息相关并且有望很快普及。对我来说，这是更大的奇迹。

"那么，现在我该怎么做？"我问，"如果我不能改变过去，那么你们的计划是什么？"

"你必须把萨普百合带回去，妥善保管，以备不时之需。"

"我还是不明白……"

耳机发出嘀的一声，表示已经充满电了。

"你们在制订未来计划时可以用到它。"

"什么意思？我听不懂……那我找到的口令呢？"

"显然，你没有理解这些字母的真正含义。我的能量已经……"话还没说完，全息影像就开始崩塌。

它消失了。我不能冒险让它再次出现，因为这样做有可能耗尽蓝色球体的能量，我就回不了家了。我戴上耳机，抓住萨普百合，心中默念着我找到的口令——维图。这个答案可真奇怪。为什么是这个名字？为什么不是瑞特？

在一道令我痛苦的闪光袭来之后，我回家了。

米歇尔站在原地，同我离开时一样。我一出现，她的目光就立刻锁定在我手中的东西上。

"这是什么？"

"萨普百合。这一切都是为了它。"我说。

"我会让人对它进行分析的。"她松了一口气，伸手准备拿走萨普百合。

"不，等等。我们不能影响未来。"我脱口而出，瑞特写在古埃及房间墙壁上的话在我脑海中挥之不去。

米歇尔犹豫了，显然不确定是否要为了自己的目标，甚至是人类的福祉忽略我的警告。

"这……"我终于理顺了思路，"一切必须按部就班地发展下去，否则瑞特就不会穿越回来，你也不会录用我，我手上也不会捧着这株植物了。"

"那这一切究竟是为了什么？"

我来回踱步，好让大脑快速思考。米歇尔紧跟着我。鉴于我最近经历的所有事情，我觉得自己必须多活动身体以应对在体内涌动的肾上腺素。我慢慢地说出一句话，那是瑞特的全息影像告诉我的："制订一个计划。"

米歇尔抬起头，等待我的下一句话。刹那间，我想明白了一切。

"米歇尔，这一切都是为了应对未来的灾难。当我去古埃及时，萨伦，也就是瑞特在那个特定的时间，只能通过那样的方式向我传递信息，从而确保相关人员的过去或未来不会遭到改变。他选择前往那些时空的原因是，我和他在那里接触到的大多数人很快就会因瘟疫暴发而丧生。这不意味着他没有对过去做出改变，只是他做出的改变不会影响未来、不会形成时间循环的悖论。现在，我们拥有萨普百合，需要制订一个计划，为未来做同样的事。"

"那我们该怎么做呢？又该如何避免未来的灾难呢？"

"灾难必须发生。未来的政府必须相信，他们除了送瑞特踏上时空之旅外别无选择。我们必须把萨普百合藏起来，直到他们决定启动时空旅行计划。"

米歇尔不解地看着我。我无意责怪她，毕竟我也花了很长时间才理解这一切。

"地球上将有半数人丧生。这件事必须发生。毫无疑问，这是一场彻头彻尾的悲剧。但我们必须保有拯救人类的方法，并且在时机成熟前闭口不言，才能拯救剩余的人。这样的话，我们就不会改变瑞特开启时空之旅的原因，也就不会形成时间循环的悖论了。"

"等一下，"米歇尔开口道，"你是说，我们明明有治疗细菌感染的办法，却不去阻止那场可能杀死地球上一半人的灾难？"

"我们必须遵照计划行事。每件事都必须按照瑞特记忆中的方式发生，否则就会改变他的行动，这条时间线也就不复存在了。在他看来，除非他能找到应对灾难的方法，不然人类注定走向灭亡。"

我的大脑飞速运转，把我知道的事情拼凑起来，努力理解瑞特早已想出的解决方案。

"瑞特在太空中制订了一个计划，旨在促使政府为了寻求应对灾难之法而利用时空穿越技术，但在他出发前，他和政府都不会意识到这个计划的存在。"

这个计划真是天衣无缝！我之前对瑞特太苛刻了，他显然是一个聪明绝顶并且一丝不苟的男人。在瑞特为寻找治疗方法离开地球的那一刻，作为几个世纪以来保守治疗方法秘密的保管员，维塞尔公司就知道可以放心地公开治疗方法了。它在政府送瑞特出发之前是不可能这样做的，否则治疗方法永远不会被找到。

维塞尔公司知道治疗方法，却眼睁睁地看着数十亿人死去，直到瑞特想出办法帮助我找到萨普百合并把它藏起来。这真不可思议。

米歇尔看着我，她的大脑在飞速思考接下来应该怎么做。

"那么，我们把萨普百合藏在哪里呢？"

"我最后找到的口令是维图，那个全息影像……"我意识到米歇尔根本不知道我刚刚经历了什么，于是解释道，"我见到了瑞特的全息影像，它说'显然，你没有理解这些字母的真正含义'。等一下……"

只要想明白最后的口令有何意义，我就知道该把萨普百合藏在哪里，从而确保未来人类需要它时，它安然无恙。

只要理解了这些字母的真正含义，

我就能继续前进。

简单提示：《提示》第3页
中度提示：《提示》第6页
深度提示：《提示》第12页
完整攻略：《攻略》第17页

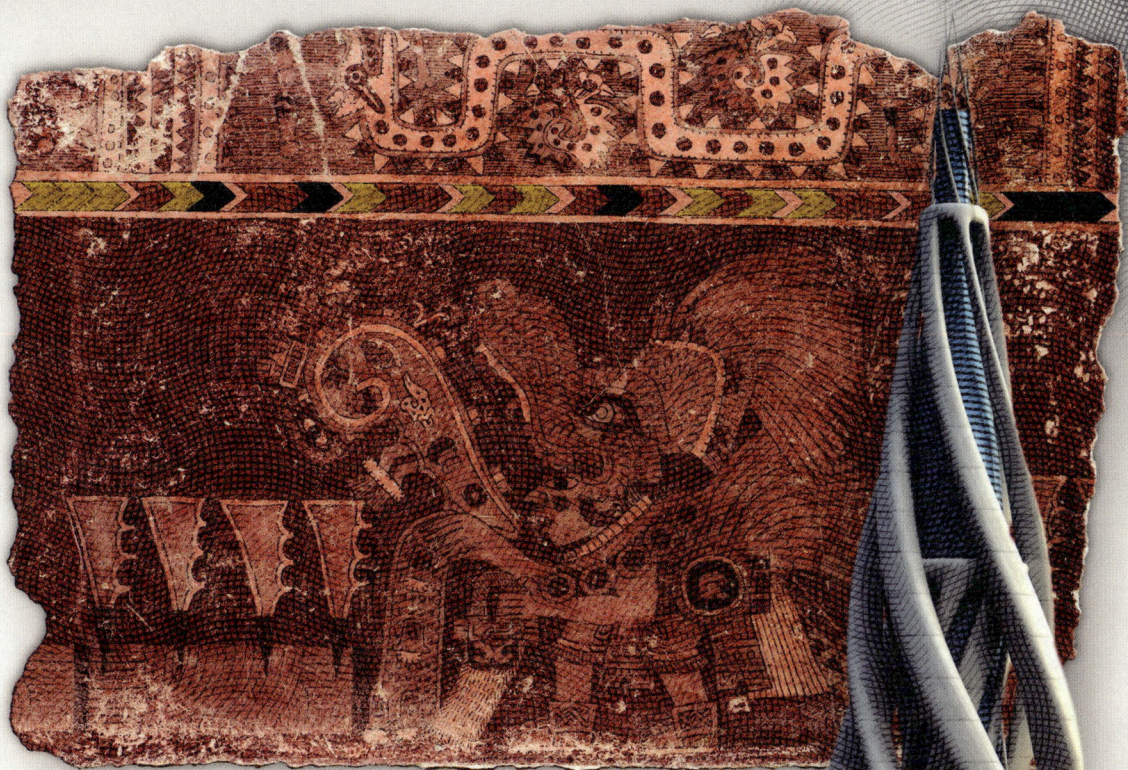

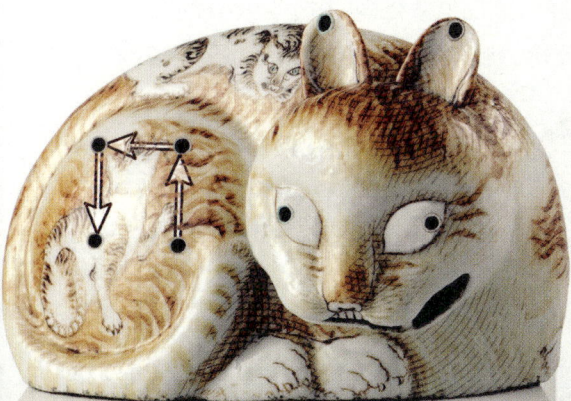

英文单词"Vittu"正是"Ivtut"的变位词。我需要把萨普百合藏在木乃伊棺中。

"你要把它放进木乃伊棺？"米歇尔问道。

"你觉得瑞特为什么要带来这么多的艺术品呢？"

"为了保存植物。原来如此。美术馆是我们会不遗余力保存物品的地方，在这里人们不会胡乱地摆弄它们。"

"还有什么地方比这里更适合保存你想世代保守的秘密呢？"

我走到古埃及展区，兴奋和成功的喜悦让我的心怦怦直跳。米歇尔拿来一个管状的容器——维塞尔公司显然已经对这种情况做好了万全的准备。米歇尔解锁并打开了容器。我将萨普百合小心翼翼地放了进去，她将其封存起来。几个世纪后，会有人看到我们的劳动成果。

"那我就……"我看了看木乃伊棺，又用眼神询问米歇尔我可否将它打开。毕竟，打开一个封存了几千年的东西让人感觉很奇怪。

米歇尔点了点头，我试着打开棺盖，结果发现它沉得要命。在米歇尔的帮助下，我打开了足够宽的空隙，把容器放了进去。

"我以为结局会比把一株植物放入木乃伊棺更惊心动魄。"我半开玩笑道。在经历过飞船迫降到一个陌生星球的危险后，我很高兴能轻松地完成这最后一步。

我们把棺盖封起来，退后了几步。这种感觉很奇怪，因为我们永远无法核实自己所做的事能否成功。

一声提醒音把米歇尔的注意力吸引到手机上。那是一则新闻。

新 闻

目前还没有人因奈瑟菌引起的疾病而丧生。

"目前还没有人因奈瑟菌引起的疾病而丧生。"

"至少，我们面对的细菌感染不具有致命性。"我说，"这只是一个开始，我想瑞特说得没错。"

我们沉默地伫立着，似乎伫立了很长时间。想到有可能拯救了全人类，我们此时停下来静默片刻似乎再适合不过了。我们所取得的巨大成就让我们倍感压力。我走访的时空都出乎我的意料。我遇见了许多对社会、文化和历史产生过巨大影响的人。或许，我的所作所为也让我成为他们中的一员。瑞特也是如此，我希望他无论身处何时何地，都能知道这一点。现在，是时候把木乃伊棺的秘密世代守护下去了，维塞尔公司又多了一个需要守护的秘密。

最后，我打破了沉默。

"不知为什么，我现在真的很想来一杯橙汁。"

致　谢

感谢以下图片版权方，感谢他们慷慨地允许我们在本书中对图片进行二次创作。

Alamy 图片库

芝加哥艺术博物馆

Shutterstock 图片库

美国克利夫兰艺术博物馆

纽约大都会艺术博物馆

荷兰国立博物馆

译后记

在这本书中，我们踏入了维塞尔宇宙。

知名密室逃脱游戏设计者詹姆斯·哈默-莫顿在本书中为我们讲述了一个扣人心弦的冒险故事。主人公亚当·帕金森受雇于维塞尔公司，在一座神秘的美术馆中展开时空旅行。他以与不同时代相关的艺术品为媒介，先后穿越到古埃及、维多利亚时代的英国、古希腊、王政复辟时期的英国、墨西哥，以及一个虚构的未来世界，最终拯救人类于危难之中。

跟随亚当的脚步穿梭在过去和未来时，我时常惊叹于作者对不同时代场景的描绘，他的巧思在谜题之间闪闪发光。尤为可贵的是，本书令我们对当下身处的世界产生好奇，让我们感叹于自身的渺小和世界的奇妙。古埃及神奇的象形文字、王政复辟时期英国的戏剧、古希腊热闹非凡的集市……作者巧妙地将古典与现代相融合，在我们眼前展开一幅幅美丽的画卷。

整个故事构思十分精巧，每一章都设置了环环相扣、前后呼应的谜题。谜题似一团乱麻，错综复杂，需要你苦思冥想才能找到答案。然而，只要找到解谜的线索，抽丝剥茧，逐步推进，你一定能找出隐藏的真相。

最后，本书中如有任何错译或语义不达的地方，烦不吝指正。同时感谢在本书翻译过程中对我提供帮助的 FIX 组员、家人及朋友。

FIX 字幕侠　多星人（钱嘉琪）

2023 年 7 月 20 日

Escape from the Gallery by James Hamer-Morton

Text © 2022 James Hamer-Morton

Design © 2022 Welbeck Non-Fiction Limited, part of Welbeck Publishing Group

Translation © 2025 Beijing Red Dot Wisdom Cultural Development Co.,Ltd.

All rights reserved.

著作权合同登记号　图字：01-2024-5766

本书地图系原书插附地图，审图号：GS（2025）0689 号

图书在版编目（CIP）数据

逃离美术馆 /（英）詹姆斯·哈默-莫顿著；FIX字
幕侠译. -- 北京 ：北京科学技术出版社，2025.
ISBN 978-7-5714-4543-0

Ⅰ.G898.2
中国国家版本馆CIP数据核字第2025914XJ8号

特约策划：红点智慧
策划编辑：李安迪
责任编辑：张　芳　张雅琴
责任校对：王晶晶
责任印制：吕　越
营销编辑：赵倩倩　孙晓萌
出 版 人：曾庆宇
出版发行：北京科学技术出版社
社　　址：北京西直门南大街 16 号
邮政编码：100035
电　　话：0086-10-66135495（总编室）　0086-10-66113227（发行部）
网　　址：www.bkydw.cn
印　　刷：雅迪云印（天津）科技有限公司
开　　本：710 mm × 1000 mm　1/16
字　　数：215 千字
印　　张：12
版　　次：2025 年 5 月第 1 版
印　　次：2025 年 5 月第 1 次印刷
ISBN 978-7-5714-4543-0

定　　价：88.00 元

你是亚当·帕金森，曾是一名勇敢的记者，如今加入了掌握时空旅行技术的维塞尔公司。你的新工作地点是一座与众不同的美术馆，馆内的一系列精美艺术品似乎都与某个神秘人有关……

解读暗藏玄机的艺术品，发现隐藏的时空坐标
在过去与未来之间谨慎前行，找到回归现实的关键口令
拼接错综复杂的线索，完成你与美术馆的终极使命

上架建议：推理·解谜

ISBN 978-7-5714-4543-0

9 787571 445430 >

定价：88.00元

提 示

北京科学技术出版社

简单提示

序幕
维塞尔公司在信中用黑体字凸显线索。

古埃及展区
年份
法老已死。法老万岁！

地点
这只猫极具代表性。

古埃及
解谜顺序
你应该考虑一下从何处着手。

方尖碑
试着观其全貌。

挂毯
涉及排序和匹配。

象形文字方阵
方阵中隐藏着什么？

数字金字塔
底部那行方格是离开这里的关键。

最后的名字
数字和英文字母的转换是关键。怎么把数字转换成英文字母呢?

维多利亚时代的英国展区
年份
瓷盘指引了方向。

街道
你没法找到街道的全称。

维多利亚时代的英国
维多利亚时代的英国警察
推断出当前时间，就能确定他的身份。

解谜顺序
拨开阴影，即见光明。

投影
这些长木板和大木牌在积木叠叠乐游戏中没什么用，但对你来说至关重要。

"心电图"
投影谜题答案中的数字可以帮你解读某些患者的"心电图"。

可滑动的床
11 号床的病人需要被转移出去。

古希腊展区

年份
古希腊字母与星号的对应关系依靠头盔确定。

地点
利用圆盘，找到目的地易如反掌。

古希腊

解谜顺序
想想之前的时空旅行者精心编排了什么。

舞者
舞者的动作很准确。

摊位
舞者的分组情况与食物有关。

古代爱琴海地区的地图
在爱琴海上航行时，方向很重要。

城市地图
"X"代表起点。

最终地点
这个地名已经出现好几次了。

王政复辟时期的英国展区

年份
眼睛看到了！

地点
整个世界就是一座舞台。画也是。

王政复辟时期的英国

解谜顺序
从后往前推理。

烘焙商品
如果烘焙商品是爱的产物，请读下去。

总价与找零金额
面包店店主经常需要找零。

数字顺序
后在前，前在后。

木格栅
木格栅可以帮你解开谜题。

最终名字
又需要将数字转换成英文字母了。

墨西哥展区

日期
在神话传说中，亚当少一根肋骨。

地点
垂饰的颜色有黄色、红色和黑色。

墨西哥

解谜顺序
从弗里达想象中的孩子着手。

猴谜树和窗户
利用猴谜树来理解窗户上的图案的意思。

纪念品摊位
看看摊位上的商品。

花
根据花的特征进行推理。

白板
合五为一，或许从始至终就只有一个人？

未来展区

日期
去楼顶找找答案。

地点
环环相扣。

未来

解谜顺序
先找到在太空飞船中行进的正确路线。

太空飞船
在太空飞船内部来一场五彩斑斓的旅行。

书
并非用数字来确定颜色，而恰恰相反。

语音图标
语音图标有助于你将字符分组。

洞穴
解谜已经是一种刻进 DNA 的本能了。

电源
如果你留意，这件事真的不难。

最后的名字
它看起来与古埃及展区木乃伊的名字有关。

序幕

涂鸦作品中的四种动物都在别的地方出现过。

古埃及展区
年份

找到日期就如数 1、2、3 那样简单，但弄清楚数字排列的顺序可能没那么简单。

地点

"×"暗示了位置。

古埃及
解谜顺序

时空旅行者提供了一些帮助。

方尖碑

是时候看看倒影了。

挂毯

最后一样东西要排在第二位，第一样东西仍在第一位。

象形文字方阵

想办法把这四个象形文字转换成阿拉伯数字。

数字金字塔

你如果注意到底部那行方格中的计数符号，就离成功不远了。

最后的名字

这个人对你的帮助很大。

维多利亚时代的英国展区
年份

以伦敦为背景的画是解谜的关键，可以从中推断出维多利亚女王统治期间的两个年份，正确答案到底是哪一个呢？

街道

目的地是一条与河边的街道平行的街道。

维多利亚时代的英国
维多利亚时代的英国警察

公告栏上有你需要的信息，同时你也得留意其他地方。

解谜顺序

下一道谜题与"心电图"有关。

投影

观察四块长木板，找到它们缺失的部分。

"心电图"

图中的一些粗线条可以组成字母、数字或其他字符，你能找出需要的粗线条吗？

可滑动的床

解开此谜题需要三条信息：①病床的编号顺序；②"心电图"谜题的答案；③数字与英文字母的转换规则。

古希腊展区
年份
　　头盔上的符号在其他地方也出现过。米歇尔对古希腊字母做过什么样的说明？一开始你可能一头雾水，但或许花点儿时间你就能明白。

地点
　　壁画能助你一臂之力（实际上是"五手之力"）。

古希腊
解谜顺序
　　舞者的分组情况看起来很眼熟。

舞者
　　顺着舞者指示的方向能得到五组方向序列。

摊位
　　舞者指出了与他们有关的食物，你需要一一列出食物的产地。

古代爱琴海地区的地图
　　你能通过由摊位得到的地点序列推出一个新序列吗？你将由此获得解开这部分谜题的关键信息。

城市地图
　　"X"始终不变，它能帮助你找到数字。

最终地点
　　数字与英文字母转换的结果就是前进的目标。

王政复辟时期的英国展区
年份
　　猫的眼睛和耳朵为你指出不同的方向，将其与挂毯上眼睛看的方向联系起来。

地点
　　字条上的表格能否与其他地方的网格对应？

王政复辟时期的英国
解谜顺序
　　在你找到阿图尔的购物清单后，一切都会明朗。

烘焙商品
　　读剧本真的让人饥肠辘辘。

总价与找零金额
　　买十件商品真的用不了一英镑，但你能因此拿到很多不同的硬币。

数字顺序
　　重新排序时要多加注意。

木格栅
　　安装木格栅的方法类似于玩俄罗斯方块游戏。

最终名字
　　需要六个字母。

墨西哥展区

日期
把骷髅缺失的肋骨的数量重新排列。

地点
数字 3，以及红、黄、黑三种颜色是关键。

墨西哥

解谜顺序
用猴谜树上的图案来确定正确的商品。

猴谜树和窗户
在窗户上可以看到树的镜像。

纪念品摊位
是时候盘点一下商品了。

花
花瓶里花朵的特征不仅与关键的花朵有所关联，还将提供一些额外的信息，助你找到最终答案。

白板
五个神秘的名字，对角线是关键。

未来展区

日期
为了找到答案，你需要将建筑与织物上的线条相对应。

地点
组装，对齐，要做六次。

未来

解谜顺序
这些书排得有点儿乱。

太空飞船
八个舱室代表了八种颜色。

书
颜色序列指明了书的排序方式。

语音图标
正确的字符分组有助于你找到答案。

洞穴
跟随闪闪发光的线索寻找答案。

电源
在古时候，你无法为耳机充电很正常。

最后的名字
木乃伊的名字就是线索。

深度提示

序幕
信中提到了涂鸦作品中的每一种动物，动词"数"还用了斜体表示。为什么？

古埃及展区
年份
以圣甲虫护身符为线索观察木乃伊棺，涂着白色颜料的部分提示了你需要找的数字。

地点
在地图上找到箭头交叉的地方。

古埃及
解谜顺序
通往前方的路线已经画好了。

方尖碑
看看方尖碑的图片（右图），你看到了什么？

挂毯
十字最终会排在鸟和甲虫前面。

象形文字方阵
忽略眼睛、十字、鸟、甲虫以外所有的象形文字，然后看看它们分别组成了哪个阿拉伯数字。

数字金字塔
在数字金字塔的方格中填写数字，用之前通过象形文字找到的数字替换相应的计数符号。

最后的名字
根据数字与英文字母的转换规则将数字金字塔底部那行数字转换为英文字母。

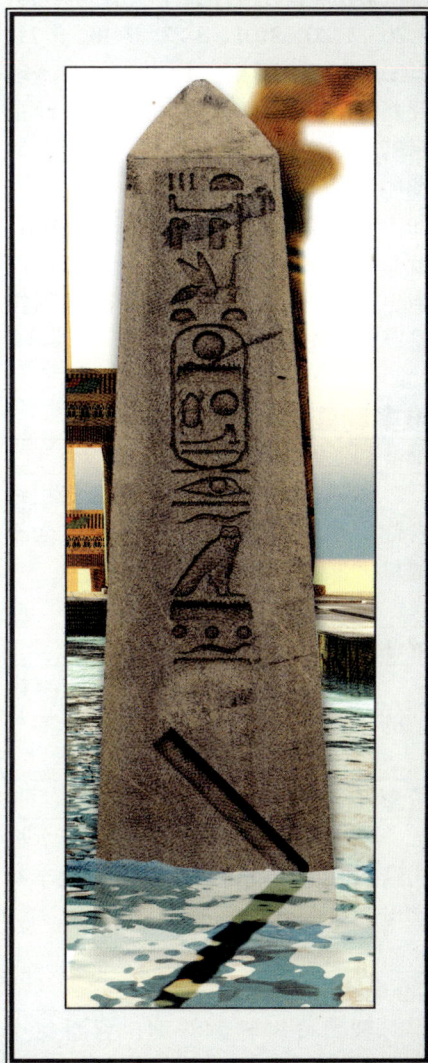

维多利亚时代的英国展区

年份

　　严格遵照瓷盘的指示来确定数字的顺序就不会出错。

街道

　　时钟显示的时间分别为 4:19、6:20、1:20、2:01、3:22、7:15、9:11、4:09、8:03。根据"1=A，2=B，以此类推"的转换规则可以将分针指示的数字转换成英文字母。注意，地图中的街道名称并不都是全称。例如，在地图的南部，"Buckingh S"就是 Buckingham Street（白金汉街）的缩写。你所寻找的答案同样是以缩写形式出现的。

维多利亚时代的英国

维多利亚时代的英国警察

　　桌子上的物品和墙上的公告栏将为你提供解开这道谜题所需的全部信息。

解谜顺序

　　一切都是为了把那张带星星标记的床推出门外。

投影

　　剪下"投影"，结合四块长木板边缘的凹槽，就可以得到四组数字与字母的组合。

"心电图"

　　观察投影谜题答案，看看每个数字都和哪些字母一起出现。例如，数字 1 和字母 A、B、D 一起出现，看看"心电图"第一列中以字母 A、B、D 开头的名字所对应的粗线条，你能用这三根粗线条拼出什么字符？

可滑动的床

　　为了把编号为 11 的床移出门，你需要移动其他的床。根据移动床的顺序，记下床的编号，最后找到需要的词。然而，有些编号大于 26，无法直接转换成英文字母。上一道谜题的答案能否帮助你解决这一问题呢？

古希腊展区
年份
　　圆盘上从 A 开始的前九个古希腊字母分别代表个位上的数字，从字母 I 开始的接下来九个字母分别代表十位上的数字，最后九个字母分别代表百位上的数字。如果字母前面有一个逗号，那就说明它表示的是千位上的数字。把古希腊字母转换成数字，观察头盔和墙上的战士图案，然后进行计算。

地点
　　从左到右在圆盘上找到与壁画上人像的手相同的手后，就可以找到对应的古希腊字母。只需要找到五个字母。圆盘上有的手是干扰项。

古希腊
解谜顺序
　　一幅地图还不够，你需要两幅地图才能找到正确的数字序列。

舞者
　　观察舞者的分组情况和动作，弄清楚舞者的动作顺序。双手放在臀部的动作在最后。

摊位
　　将舞者的分组情况与摊位上商品的摆放情况对应起来。根据之前舞者的动作顺序，可以将每个摊位上的地名重新排列。然后，你需要根据已知的古希腊语地名和英语地名，参照古代爱琴海地区的地图，推理出其他古希腊语地名可能对应的英语地名。

古代爱琴海地区的地图
　　运用由摊位得到的地名序列，你可以得到第三组序列。为此，你需要在古代爱琴海地区的地图上找到所有地名，并记录下在它们之间航行的路线。由此，你将得到一组用于解开谜题最后部分的方向序列。

城市地图
　　根据上一步得到的方向序列，你将得到五个数字。

最终地点
　　通过数字与英文字母的转换，你就能得到一个地名。

王政复辟时期的英国展区
年份
　　根据挂毯上眼睛看的方向对它们进行分类，然后把朝相同方向看的眼睛用线连起来，只需要考虑瓷猫暗示的几个方向即可。你能看到数字吗？数字需要根据什么顺序排列呢？

地点
　　将字条上的三条线索与画联系起来，就可以得到三个词。左侧表格对应正上方的画，右侧表格对应柜子。要怎么将中间几幅小图转换成英文字母呢？

王政复辟时期的英国
解谜顺序
　　最后把缺失的木板补上。

烘焙商品
　　将价目表与剧本对比，一切都将一目了然。

总价与找零金额
　　计算阿图尔所购商品的总价，以及找零的金额，然后通过计算得出用最少的硬币数量找零的情况。

数字顺序
　　你已经得到了一个数字序列，但它无法帮助你找到最终的答案。在这种情况下，回归剧本会对你有所帮助。

木格栅
　　把木板放入正确的位置，将木格栅补完整，然后进行计算。

最终名字
　　数字与英文字母的转换是关键。

墨西哥展区

日期

根据两组数字能找到日期——第一组数字来自骷髅缺失的肋骨的数量，第二组来自罐子。人的两侧肋骨对称且数量相等。如果缺失肋骨处没有另一侧肋骨作为参考，你可以假设这里只缺少一根肋骨。

地点

将壁画上红、黄、黑三种颜色的箭头与玉坠垂饰相对应，就能确定地点。玉坠有 26 个垂饰。或许这些垂饰代表一个常见的由 26 个个体组成的整体。

墨西哥

解谜顺序

从纪念品摊位和窗户上找到数字并确定其顺序后，就应该看看花了。

猴谜树和窗户

猴谜树上的图案能引导你在窗户上找到正确的商品图案，然后按照招贴画上图案的顺序从上到下排列。

纪念品摊位

注意摊位上商品的数量，并根据上一步找到的图案的顺序排序。

花

在七个花瓶下方的名牌上，每一个字母或数字都代表了花朵的一种特征，如花瓣形状、颜色等。将同样的规律用在最重要的那朵花上，就能进行某种数学运算，这有助于你找到口令。

白板

在白板上填写神秘的时空旅行者的名字让你离答案只有一步之遥。你要遵循白板上的指示来解谜。

未来展区

日期

根据画的名牌下的图案，就能找到前往"新乌托邦"的路线。

地点

从蓝色球体上的线索着手，组装三个东西六次，就能收获一个由六个字母组成的熟悉的单词。

未来

解谜顺序

从书上得到的八个数字可以放在哪儿，从而转换成英文字母呢？

太空飞船

按照到达医疗舱的唯一路线行进，沿途可以看到八种不同的颜色。

书

需要利用颜色重新排序。

语音图标

八条横线代表八个数字，但你只需要五个字母。

洞穴

观察色彩缤纷的 DNA 链，把发光的碱基和藤蔓联系起来，再数一数藤蔓上花的数量，通过数字与英文字母的转换，你就能得到一个十分熟悉的名字。

电源

在未来，给电子设备充电根本不受限制。

最后的名字

名字的开头类似于罗马数字 4。

ISBN 978-7-5714-4543-0

9 787571 445430 >

定价：88.00元

（套装产品，不单独售卖）

在维多利亚时期，工业革命推动英国的科学技术飞速发展，社会结构也随之发生了翻天覆地的变化。敏锐的艺术家们绝不会浪费丰富的创作素材，纷纷聚焦于普通人的生活百态。

1.《在铁路桥栏杆边俯瞰到的伦敦景象》

看看这幅木版画，你注意到了什么？

是呼啸而过的火车，还是仿若深渊的贫民窟？

在画家古斯塔夫·多雷的笔下，低矮的房子密密麻麻地挤在一起，像火柴盒一样排列整齐却令人感到压抑，住在里面的人们仿佛被困在永远看不到阳光的牢笼里。看着这样的画面，你是不是感到烦闷？

2.《赫尔辛基的男孩济贫院》

这幅画展现了当时济贫院中男孩们的生活场景。画中的男孩们正在学习缝纫，他们都神情专注。

画家埃德费尔特熟练掌握对逆光场景的描绘技巧，运用明暗交错的光影和略显沉郁的色调，既凸显了当时社会现实的沉重，又赋予场景以诗意。

3.印有伦敦标志性景观的明信片

这张明信片展示的是伦敦的标志性建筑——泰晤士河畔的英国议会大厦和伊丽莎白塔（俗称大本钟）。以哥特复兴式建筑风格为主的议会大厦——英国最著名的建筑之一——尽显浪漫主义色彩，而在它东北角的大本钟则以精准的报时和洪亮的钟声闻名于世。

斯图亚特王朝复辟后，贵族们忙着重新打造"人上人"的形象。当时的艺术品主打"奢华炫富风"，成了贵族彰显其品位和地位的"必备道具"。

1.《安东尼·迈尔德梅爵士肖像》

这幅肖像画完美地诠释了什么叫"有钱任性"。画家在创作时使用了昂贵的金箔，使画作看上去奢华至极！

画中的迈尔德梅爵士似乎正在穿盔甲或者脱盔甲，而此时恰好有客人来访。他看起来轻松且自信，似乎在告诉我们："我不仅战斗力强，还为人亲和，更会享受生活！"旁边乖巧坐着的忠心耿耿的小萌犬对此表示赞同。

这幅肖像画现藏于美国克利夫兰艺术博物馆。

2.《宴会静物》

如果你觉得静物画没什么好看的，那肯定是因为你没见过《宴会静物》。巨大的龙虾，繁多的水果，精美的餐具……这家人必定非富即贵。到底是谁流下了羡慕的泪水（和口水），我就不点名了！

特别值得一提的是，中国瓷器可是当时的"进口高奢品"。你能看出画中有几件中国瓷器吗？

这幅画现藏于荷兰国立博物馆。

古希腊展区

古希腊被誉为"西方文明的摇篮"。古希腊的艺术品既反映了对神的崇敬之情，又大胆地表现了人的力与美。古希腊人以艺术征服了世界，并将对人的赞美刻进了西方艺术的 DNA。

1. 古希腊雕塑

古希腊雕塑堪称古希腊艺术品中的"头号明星"，把人体之美展现得淋漓尽致。《掷铁饼者》《命运三女神》等经典之作能让你沉浸于静态之美而无法自拔，甚至能让你觉得它们随时都可能活过来！

2. 古希腊陶器

古希腊红绘风格陶器上的画的主体保留了陶土的自然赭色，背景则被涂成黑色，这种色彩搭配使主体鲜明突出。这种画除了展现神话中的场景，还记录了竞技比赛、音乐表演、家庭聚会等现实生活画面。没想到吧，古希腊人的生活可是相当丰富多彩的。

3. 科林斯头盔

科林斯头盔通常由整块青铜制成，仅为眼睛和嘴巴留出孔洞，从而为头部和颈部提供尽可能全面的保护。头盔上常有装饰，而装饰的材质和细节往往能反映士兵的社会地位。

不过，士兵戴这种头盔作战，视野会受到限制，也难以听清统帅的命令。因此，这种头盔逐渐被淘汰，退出了历史舞台。

墨西哥艺术品就像一杯混合饮料——古老的文化符号与现代的创意元素糅合在一起，呈现出浓郁而独特的墨西哥风味。

1. 阿兹特克战士雕像

阿兹特克人崇尚军功、热衷于帝国的扩张，这不仅因为他们具有征服世界的野心，也因为他们深信自己肩负通过战争维护世界秩序的使命。因此，阿兹特克战士的形象是力量、勇气和信仰的象征。这名手持飞镖、投镖器和盾牌的战士一定地位颇高，因为他佩戴珠宝、脚踏凉鞋，并且他的雕像是用黄金制成的。雕像胸腔中空的原因还不明确，研究人员推测这个雕像曾被当作吊坠佩戴。

该雕像现藏于美国克利夫兰艺术博物馆。

2. 斗士罐

你知道这个斗士罐的罐口在哪儿吗？

罐身正上方的圆柱体是封闭的，所以它不是罐口，侧面形似马镫的部分才是。据猜测，这种特殊设计可能有助于减缓罐子内液体的蒸发。罐身绘有细线风格的斗士画——在浅色的底胎上用红色颜料精细勾勒出斗士比武的场景。

这个罐子现藏于纽约大都会艺术博物馆。

玛雅人究竟有多爱玉米？

玉米是玛雅人的主要食物，所以他们自称"玉米人"。

这件陶器中间画的是玛雅文化里最重要的神——玉米神。他的头像玉米穗，头发像玉米须，身上穿着喜庆的红衣服。在玛雅时期，彩绘陶器是重要宴会上的餐具，也常作为贵族相互赠送的礼品。

这件陶器现藏于美国明尼阿波利斯艺术博物馆。

4.《弗里达·卡罗和金刚鹦鹉》

这幅画是墨西哥艺术女王弗里达·卡罗的粉丝对她超有爱的致敬之作！画中有弗里达作品的标志性元素，如墨西哥风格的服饰、色彩鲜艳的植物和动物等。整幅画"弗里达风"十足。

弗里达·卡罗是墨西哥艺术界的传奇人物，以寓意深刻、风格大胆的自画像而广受艺术爱好者的追捧。弗里达一生中遭受过诸多苦难，但这些都成了她创作的灵感。弗里达的作品色彩鲜艳、意象丰富、情感强烈，每幅画都充满了浓浓的墨西哥风情，并展现出非凡的力量。

导览者：蔡文雯

3. 古埃及壁画

你有没有觉得古埃及壁画上的人物很奇怪？人物头部以正侧面呈现，眼睛、肩膀和胸膛以正面呈现，而腰部以下又以正侧面呈现。

别急着嫌弃画师不专业。在古埃及，画师绘制人像时必须遵循最具特色的人物表现法则——正面律，这样做的目的在于突出人物的关键特征。古埃及人认为，在墓穴的墙壁上绘制这样的画，能让死者的灵魂快速找到自己的身体。

4. 圣甲虫护身符

千万别嫌弃屎壳郎（蜣螂）。在古埃及人眼中，蜣螂是一种神奇的生物：在粪球中繁衍后代，创造了生命由腐朽中诞生的奇迹；推着粪球前行，就像太阳神凯布利推着太阳东升西落，象征着万物生生不息。

因此，蜣螂被古埃及人尊称为"圣甲虫"，代表新生与永恒。在古埃及神话中，太阳神凯布利就长着状似蜣螂的脑袋。古埃及人还经常佩戴圣甲虫形状的护身符，以期获得神明的庇佑。

古埃及艺术创作遵循严格的法则，反映了古埃及人对自然力量的敬畏，承载了他们对生命永恒的向往。

1. 盖尔-安德森猫雕像

在古埃及，猫可不是普通的宠物，而是受人尊崇的神兽。猫拥有优雅迷人的姿态和较强的繁殖力，被古埃及人视为守护家庭的女神巴斯泰特的化身。

来看看这尊盖尔-安德森猫雕像（名字源于捐赠者盖尔-安德森。感谢！）。猫猫坐姿优雅端庄，耳朵竖立，浑身散发出恬淡而神秘的气息。它的项圈上的花纹极其精致，彰显了古埃及工匠的高超技艺。

该雕像现藏于大英博物馆。

2. 图坦卡蒙黄金面具

法老的木乃伊戴黄金面具是为了炫富？大错特错！

金色被古埃及人认为是神明身躯的颜色，象征着永恒和不朽。面具可以起到防护罩的作用，确保死者头部完整。

来看看法老图坦卡蒙的黄金面具吧。它由纯金制成，嵌有宝石，象征着古埃及至高无上的王权以及法老所向往的灵魂永存。面具前额的鹰和蛇分别象征着上埃及和下埃及的护佑神，胡须则象征着冥神奥西里斯。

该面具现藏于埃及国家博物馆。

这些
艺术品
有点儿东西！

只要确定一个四位数的年份，
以及一个我需要的词，

我就能继续前进。

简单提示：《提示》第3页
中度提示：《提示》第6页
深度提示：《提示》第12页
完整攻略：《攻略》第13页

"这太惊人了。单方面的技术突破会带来连锁效应，比如更大的电池容量能支持设备拥有更多的功能，就像我们升级了手机电池，手机才有可能拥有彩色显示屏和接入互联网的功能。"

"没错。另外，我们对这盏吊灯的控制是通过一些我们无法理解的无线连接技术实现的。"

她指了指墙上，我才注意到一个不起眼的金属旋钮。它像是一个调光器，而且像是 20 世纪 70 年代的产物。为什么这盏灯会出现在这里？瑞特为什么要把这样一件科技产品带过来？未来肯定有比这更先进的东西吧。

"还有一个东西，我们甚至连它的功能都不清楚。"米歇尔说，"或许它只是一件艺术品。无论我们如何研究，都无法揭开它的秘密。"

她指向一个巨大的灰色金属齿轮。它看起来很有科技感，但不知道是用来做什么的。在我看来，它可能是一台洗衣机的零件，或者是一件纯粹出于审美目的而存在的艺术品。

利用我在这个展区看到的所有展品，我需要确定一个未来的年份和地点。或许我要去的就是这个叫"新乌托邦"的地方，但我觉得这个答案过于明显了。如果答案是某个我没听说过的地方呢？我只能相信，凭借目前积累的经验，我只要找到正确的词，就能在第一时间确认，即便这个词不会令我马上联想到某个地点。

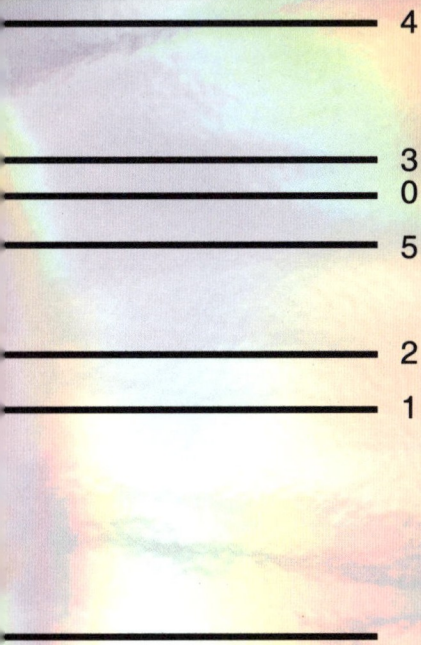

　　球体发出的蓝光似乎并非来自内部的 LED 灯或其他显而易见的光源。相反，这个球体自身似乎就是一个光源。我弯下腰仔细观察，发现它的侧面刻着一些符号。我站直身子，俯瞰球体，看到还有一些符号在其顶部围成一圈。

　　我眨眨眼，移开了目光。为了保护自己的眼睛，也为了在必要时能同时观察这两组符号，我决定在纸上先记下位于球体顶部的符号。记好后，我转身去观察挂在一旁的绘有未来城市的画，画中有些建筑的外形很特别。

攻略

北京科学技术出版社

序幕

　　涂鸦作品中的四种动物——猫、蜘蛛、熊和鸡按顺序在维塞尔公司的来信中出现。信中"数"这个字写成斜体以显示它的重要性。因此，要想知道密码，你需要数一数涂鸦作品中的每种动物的数量。涂鸦作品中有一只猫、两只蜘蛛、三头熊和四只鸡，由此可推断这个"创意十足"的密码是1234。

古埃及展区

年份

　　第21页圣甲虫护身符下半部分的六块对应了第18页木乃伊棺下部的六个部分。圣甲虫护身符上的白色圆点代表起点，箭头表明了数字的顺序，由此可以得到罗马数字Ⅰ-Ⅲ-Ⅱ-Ⅲ，从而得到阿拉伯数字1323，因此年份是公元前1323年。

地点

　　观察第21页黑猫雕像身上的图案，然后在第20页的地图上找到它们。根据黑猫雕像上箭头的提示将这些图案两两用箭头连起来，两个箭头交叉的点就是你要找的答案：Cairo(开罗)。

古埃及

解谜顺序

　　萨伦的留言下方的图画表明了解谜的顺序：方尖碑—挂毯—象形文字方阵—计数符号—数字金字塔。

方尖碑

　　如果第30页和第31页的方尖碑倒映在水中，方尖碑上的符号及其倒影就组成了新的符号，如下图所示。

挂毯

　　第32页的挂毯上的箭头提示你应该将方尖碑按照从矮到高的顺序排列，所以首先是最矮小的第一座方尖碑，随后是最后一座，接着是第二座，最后是第三座，由此得到了方尖碑的新的排列顺序：第一座—第四座—第二座—第三座。你如果把在方尖碑谜题中找到的符号代入新的序列，就能得到〈一〕—0—〉。挂毯上的每个符号下方都有一个象形文字，因此象形文字的顺序为：眼睛—十字—鸟—甲虫。

象形文字方阵

如果在第 27 页的象形文字方阵中只关注这四个象形文字（眼睛、十字、鸟、甲虫），你就会发现它们分别组成一个阿拉伯数字。例如，如果只看甲虫，就会发现它们组成了数字 19。同理依次可得到下列结果：

眼睛——5；

十字——8；

鸟——8；

甲虫——19。

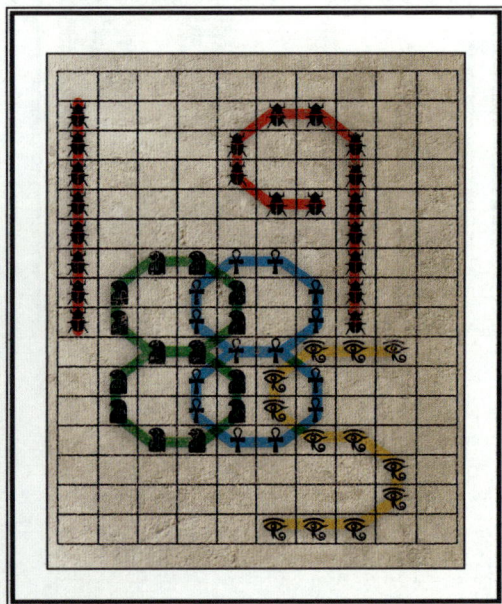

数字金字塔

在第 29 页的数字金字塔中，你如果将在上一步得到的四个数字依次放入标记着 I、II、III 和 IIII 的方格中，就可以在数字金字塔其余的方格内填写相应的数字——两个相邻方格内的数字之和就是它们上方方格内的数字。

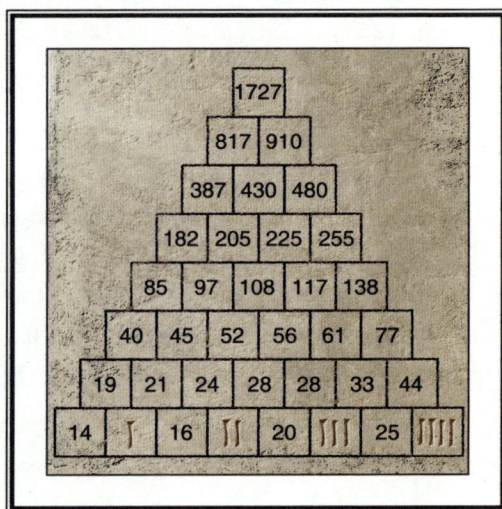

最后的名字

你如果将数字金字塔底部的一行数字（14，5，16，8，20，8，25，19）转换成英文字母（转换规则为 1=A，2=B，以此类推）就能得到 Nephthys（奈芙蒂斯）。

维多利亚时代的英国展区

年份

在第 48 页和第 49 页中，四幅背景为伦敦的画的角落都标有数字。第 49 页中的瓷盘上汇集了这些画中具有标志性的人或物，还绘有四只手指示了数字的顺序：从整个跨页左上方的圣保罗大教堂代表的数字 1 开始，接下来是数字 8、9 和 4。因此，要确定的年份便是 1894 年。

街道

记录下第 46 页中所有时钟分针指示的数字，并将其转换成英文字母（转换规则为 1=A，2=B，以此类推）。你得到的数字为：19、20、20、1、22、15、11、9、3。将其转换为英文字母，你将得到 S、T、T、A、V、O、K、I、C。将这些字母重新排列后，你就能得到 Tavistock，即塔维斯托克街。尽管在地图上塔维斯托克街的名称并非全称，但你仍然可以找到它。请注意，地图上粉色的标记线与解谜无关，它只是干扰项。

维多利亚时代的英国

维多利亚时代的英国警察

根据公告栏提供的信息，你可以推断出值班警员是约翰逊。

第 52 页的时钟显示当前时间为 10:34，由于外面天已经黑了，那么现在一定是晚上，因此可以排除艾伦。"周一例行检查"表格说明当前日期处于 18 日和 25 日之间；同时本月寿星为希尔和洛，而从他们的生日可以发现他们都是 6 月出生的。第 52 页桌上放着的苹果说明今天是周四，由此

可以推断出当前时间为 1894 年 6 月 21 日周四晚上 10:34。由于接待人员的级别最低为三级，因此能排除本内特和戴维斯。克拉克本周在休假。而通常情况下要当值的杰克逊，当天去参加警员培训了。这样，约翰逊就是唯一的人选。

解谜顺序

解谜顺序是：投影—"心电图"—可滑动的床。

投影

你如果剪下第 65 页墙上的四排"投影"，并将它们分别拼接在第 62 页到第 65 页上方相应的木板凹槽上，就能得到下列数字与字母的组合。

A 1356　B 124　C 2347　D 1247

"心电图"

需要用投影谜题中找到的数字与字母的组合来解开"心电图"谜题。"心电图"中共有七列标有编号的粗线条，这说明你要寻找的是七个字母、数字或其他字符。

注意投影谜题的答案中每个字母后面出现的数字，比如数字 1 出现在字母 A、B 以及 D 后面。接下来，看看"心电图"。将第一列中 A（Andrew）、B（Brian），以及 D（Desmond）所对应的粗线条组合起来，就能得到字母 B。数字 2 出现在字母 B、C 和 D 后面，看"心电图"中的第二列，将 B（Brian）、C（Charlie）和 D（Desmond）所对应的粗线条组合起来，这次能得到字母 E。以此类推，你就能得到 BEDS-10。

可滑动的床

目标是把带星星标记的床（编号 11）移出门，但目前门被堵住了，为此需要移动其他的床。请记住，床只能纵向移动。

由于其中一张 15 号床的床腿上刻有"第二"，说明这张床是第二张被移动的床，因此需要先移动 24 号床。床的移动顺序是：24 号—15 号—19 号—29 号—29 号—15 号—28 号—19 号—11 号。请注意，在两张 29 号床中，先移动右边的那张。从"心电图"谜题得到的答案是 BEDS-10，意思是床的编号减 10，就能得到：14、5、9、19、19、5、18、9、1。按"1=A，2=B，以此类推"的规则将数字转换为英文字母，就能得到 neisseria（奈瑟菌）。这个词在第 67 页的纸上出现过。

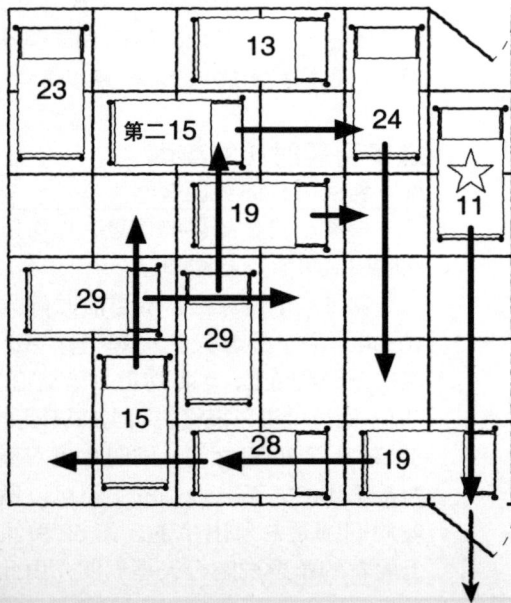

安德鲁·阿图尔松
Andrew Arthurson

布赖恩·班克
Brian Banker

查利·卡特赖特
Charlie Cartwright

德斯蒙德·达林
Desmond Darling

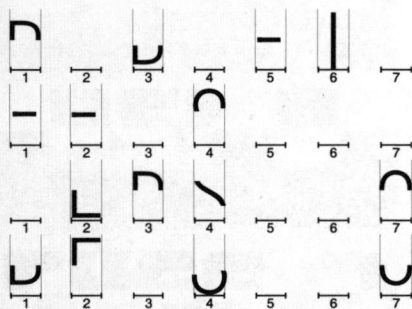

BEDS-10

古希腊展区
年份

　　解开这道谜题的关键在于弄清楚古希腊字母与数字的关系。根据第 79 页圆盘边缘的古希腊字母可以推断出第 77 页的头盔分别代表什么数字。

　　圆盘边缘从 A 开始的前九个古希腊字母分别代表个位上的数字，比如 A 代表个位上的 1，B 代表个位上的 2，以此类推。从字母 I 开始的接下来九个字母分别代表十位上的数字，比如 I 代表十位上的 1，K 代表十位上的 2，以此类推。最后九个字母分别代表百位上的数字，比如 P 代表百位上的 1，Σ 代表百位上的 2，以此类推。如果字母前面有一个逗号，那就代表千位上的数字，即"，A"表示千位上的 1。

　　为了找到年份，需要将头盔上的古希腊字母转换成数字。从左到右，头盔上的数字分别为十位上的 2、十位上的 9、千位上的 1、个位上的 4、百位上的 3、个位上的 5、百位上的 7。

　　所有头盔的颜色都出现在第 78 页的画中。根据画中战士头盔的颜色，用相同颜色的头盔对应的数字替换画中的星号，可以得到 1395 - 724＝671，因此要找的年份是公元前 671 年。

地点

　　圆盘中绘有十只手，其中五只手分别与第 76 页中壁画上人像的手相同，其余五只手是这五只手的镜像，为干扰项，可以忽略。观察壁画，将从左到右的人像的手与圆盘上的手一一对应，然后在圆盘上找到与相应的手相连的古希腊字母。五个字母依次为 N、A、X、O、Σ，将古希腊字母 Σ 看作英文字母 S，就得到了 Naxos（纳克索斯岛），也就是头盔的发现地。

古希腊
解谜顺序

　　为了找到答案，你需要按照下列顺序来解谜：舞者—摊位—古代爱琴海地区的地图—城市地图。最终你会得到在解谜过程中出现过的一个地名。

舞者

　　图画展示了舞者的五种分组情况，你需要按从 1 至 5 的顺序观察每幅小图中舞者的动作。注意，在每幅小图中，每一组舞者的手都指向另一组舞者，一组舞者除外——他们身体直立，手放在臀部，可以被视为最后一组舞者。你可以由此推断出每幅小图中舞者的动作顺序。

摊位

　　接下来要注意的是，摊位上商品的摆放情况和舞者的分组情况相同。先按从 1 至 5 的顺序观察舞者，舞者的分组情况分别为：2:3；3:3；3:2；2:2；2:2:1。

　　将上述分组情况与摊位上商品的摆放情况相对应，就能得到食物的排列顺序：盐—橄榄—葡萄酒—肉—奶酪。

跟随舞者的动作顺序，就能将每个摊位上标注的地名重新排序。然后，你需要将古希腊语地名转换成英语地名。转换方法已在"深度提示"中说明。

由此可以得到各种食物的产地的序列。

盐：纳克索斯岛（Naxos）—哈利卡纳苏斯（Halicarnassus）—帕加马（Pergamum）—莱斯沃斯岛（Lesbos）—伊利昂（Ilium）。

橄榄：利姆诺斯岛（Lemnos）—伊利昂（Ilium）—莱斯沃斯岛（Lesbos）—法萨卢斯（Pharsalus）—斯巴达（Sparta）—伊索墨（Ithome）。

葡萄酒：萨摩斯岛（Samos）—安斯岛（Andros）—雅典（Athens）—科林斯（Corinth）—皮德纳（Pydna）。

肉：萨摩斯岛（Samos）—安德罗斯岛（Andros）—雅典（Athens）—科林斯（Corinth）。

奶酪：利姆诺斯岛（Lemnos）—安德罗斯岛（Andros）— 帕罗斯岛（Paros）— 纳克索斯岛（Naxos）—哈利卡纳苏斯（Halicarnassus）。

通过第 80 页的标签可知，那块失窃的肉来自 Athens（雅典）。

古代爱琴海地区的地图

在第 92 页和第 93 页的古代爱琴海地区的地图上找到上一步得出的地点。利用上一步推理出的地名序列，找到前往这些地点的行进路线，这样可以得到以下方向序列。

盐：向右—向上—向左—向上。

橄榄：向右—向下—向左—向

下—向左。

葡萄酒：向左—向左—向左—向上。

肉：向左—向左—向左。

奶酪：向下—向下—向右—向右。

城市地图

在这一步，你需要用到第 90 页的城市地图。利用从上一步找到的五组方向序列，以城市地图上的"X"为起点，每次只能按照方向指示移动到下一个路口，你就能得到五个数字，如下所示。

向右—向上—向左—向上　　9

向右—向下—向左—向下—向左

　　　　　　　　　　　　　　12

向左—向左—向左—向上　　9

向左—向左—向左　　　　　21

向下—向下—向右—向右　　13

最终地点

只需要将在城市地图中找到的数字转换成英文字母（转换规则为 1=A，2=B，以此类推），就能得到需要的地名。这个地名在解谜过程中出现过，它就是 Ilium（伊利昂）。

王政复辟时期的英国展区
年份

　　要解开这道谜题，需要从第103页的瓷猫入手。瓷猫的眼睛和耳朵上都有孔，身体侧面还有四个孔和三个箭头。瓷猫的眼睛显然是分别往左右看的，瓷猫耳朵上的两个孔表示需要向上看。

　　下一步是观察瓷猫身体侧面小孔之间的箭头：从右下角的孔开始，随后向上，之后向左，最后到左下角的孔。这样可以得到一个表示方位的序列：右—上—上—左。

　　接下来，看看挂毯，上面有很多状如眼睛的图案，眼睛分别看向不同的方向。将朝相同方向看的所有眼睛用一条线连起来，就能得到一个阿拉伯数字。如右图所示，将所有向右看的眼睛用线连起来，就能得到数字1；将所有向上看的眼睛用线连起来，就能得到数字6；将所有向左看的眼睛用线连起来，就能得到数字7。最后你会发现，所有直视前方的眼睛没法组成一个数字。

　　要找的是一个年份，根据之前由瓷猫身上得到的"右—上—上—左"的顺序，就能得到"1—6—6—7"，即1667年。

地点

　　确定地点的关键在于第107页的字条底部的三条横线。三条横线说明地点由三个词确定，上面的线索分别引导你找到相应的词。

　　第一个词可以通过将字条上左侧的表格（显示了字母A至O的表格）

与其上方画中右侧箱子侧面的网格对应得到。箱子网格上的图案可以在主画面中找到，并且它们排成一行。从左到右看，即金属护手—头盔—手—短剑—头盔—手。然后按照这个顺序将它们与箱子网格中的图案相匹配，并用字条上左侧表格中的字母替换相应的图案，就能得到 L—O—N—D—O—N，即 London（伦敦）。

　　第二个词可以通过观察字条上的

七幅小图在第 105 页画中的位置得到。依次记下七幅小图所对应的亚克力板网格中的字母，就能得到 T、H、E、A、T、R、E，即 theatre（剧院）。

至于第三个词，你需要观察字条右侧的表格与第 104 页柜子正面的网格。为了找到这个词，你需要从上到下观察柜子侧面的五幅画，然后在柜子正面找到与之相同的五幅画，再找到每幅画在表格中对应的字母，就能得到 R、O、Y、A、L，即 royal（皇家）。

因此，地点就是位于伦敦的皇家剧院。

王政复辟时期的英国

解谜顺序

为了找到口令，你需要按照以下顺序来解谜：烘焙商品—总价与找零金额—数字顺序—木格栅。

烘焙商品

首先要注意到，第 108 页速记的剧本与第 119 页阿图尔交给内尔的有四处不同：两块姜饼（第 2 行）；四块糖酥饼（第 20 行）；三块籽香蛋糕（第 26 行）；一块肉馅饼（第 28 行）。这就是店主提到的阿图尔总是用 1 英镑购买的十件商品，而后你需要通过第 114 页的价目表来计算商品总价。

总价与找零金额

阿图尔购买的商品的价格分别是：6 法新（两块姜饼）、8 法新（四块糖酥饼）、3 法新（三块籽香蛋糕）1 便士（4 法新，一块肉馅饼），这些商品的总价为 21 法新。

店主说阿图尔每次都买十件商品并且支付 1 英镑，还坚持让店主用数量最少的硬币给他找零。由于 1 英镑 =4 克朗 =20 先令 =60 格罗特 =240 便士 =960 法新，因此阿图尔买东西找零的金额为 939 法新，金额相同且硬币数量最少的组合情况如下所示。

3 克朗（720 法新）；
4 先令（192 法新）；
1 格罗特（16 法新）；
2 便士（8 法新）；
3 法新；
总计为 939 法新。

数字顺序

这一步是要确定在上一步中找到的数字的顺序，以便继续破解谜题。将找零得到的硬币按照第 119 页剧本底部的硬币顺序（法新—便士—格罗特—先令—克朗—英镑）进行排列，就能得到以下序列：法新（3）—便士（2）—格罗特（1）—先令（4）—克朗（3）—英镑（0）。进而可知数字的顺序：3—2—1—4—3—0。

木格栅

得到数字序列后，需要使用第116页的木板将第109页的木格栅补全。在第109页的木格栅中，缺失处标有数字及加号或减号。按第119页底部的硬币顺序依次将木板放入正确的位置后，使用木板所标硬币的数量与对应位置所标的数字和运算符号进行计算，就能得到一个新的数字序列。对应的运算如下。

法新（+5）；便士（+13）；格罗特（+22）；先令（-3）；克朗（+15）；英镑（+4）。

3+5=8；2+13=15；1+22=23；4-3=1；3+15=18；0+4=4。

新的数字序列为：8—15—23—1—18—4。

最终名字

破解谜题的最后一步是简单的数字与英文字母转换（转换规则为1=A，2=B，以此类推）。你得到的数字序列是：8—15—23—1—18—4，因此可以转换为 H—O—W—A—R—D，即 Howard（霍华德）。

墨西哥展区
日期

　　La fecha 在西班牙语中意为"日期"，显然寻找日期要从罐子着手。罐子下部绘有两个骷髅头，那你一定能联想到绘有骷髅的画里有相关的线索。显而易见，有一些骷髅的肋骨缺失了几根。从左到右，这八个骷髅缺失的肋骨数分别为：5、4、0、1、3、4、1、9。

　　罐子上的数字"72364815"暗示了上述数字的排列顺序。也就是说，第 7 个数字排在第一位，第 2 个数字排在第二位，以此类推。重新排列数字，就能得到新的数列：1、4、0、4、1、9、5、3，日期显而易见，14/04/1953，即 1953 年 4 月 14 日。

地点

　　通过玉坠垂饰和壁画上的箭头可以找到地点，因为这两件展品中有同样的颜色组合：黄色、红色和黑色。玉坠底部有 26 个垂饰。数字 26 就是关键，你可以由此联想到 26 个垂饰分别代表英文字母表中的 26 个字母。壁画上 3 个箭头为一组，这些箭头横穿壁画，每组箭头的颜色组合都与玉坠的垂饰相对应。

　　例如，第一组的 3 个箭头都是黄色的，玉坠从左向右数的第 13 个垂饰也全是黄色的，所以第一组箭头代表字母表中的第 13 个字母——M。对全部箭头组合进行同样的转换，就能得到如下字母：M、E、X、I、C、O、C、I、T、Y，所以地点为 Mexico city（墨西哥城）。

　　第 131 页的圆盘是干扰项，与本谜题无关。

墨西哥
解谜顺序

　　为了找到口令，你需要按照以下顺序来破解谜题：猴谜树和窗户—纪念品摊位—花。

猴谜树和窗户

　　解开这道谜题的关键是第 141 页的招贴画。招贴画上从上到下有六个图案，你需要将其与第 134 页和第 135 页猴谜树上的图案联系起来。例如，招贴画上的第一个图案是鸟，第 135 页猴谜树左边的树枝上也出现了这个图案。你还要注意到第 134 页的树是第 135 页的树的镜像。因此，第 135 页树上的每一个图案都可以与第 134 页树上的一对黑白图案对应。因此，鸟对应的图案是蜥蜴和鱼。

　　然后，你需要观察第 138 页的窗户。你可以将窗格视为网格，利用第 134 页树上的几对图案在窗户上寻找对应的商品图案。

举例说明，以此前与鸟对应的两个图案为坐标，你就能在窗户上找到黄色骷髅头。

按照招贴画中图案出现的顺序，利用树上的六组黑白图案，你就能依次找到黄色骷髅头、黄色吉他、黄色酒瓶、黑色墨西哥帽、蓝色小动物饰品、绿色碟子。

纪念品摊位

接下来，你需要在第 142 页和第 143 页的纪念品摊位，数一数从上一步找到的商品分别有多少。

摊位上有 1 个黄色骷髅头、7 把黄色吉他、10 个黄色酒瓶、13 顶黑色墨西哥帽、0 个蓝色小动物饰品，以及 14 个绿色碟子。因此，可以得到一个数列：1、7、10、13、0、14。

另外，弗里达头发上的那朵花非常重要，所以下一步你需要弄明白花意味着什么。

花

有关花的谜题围绕第 133 页至第 137 页中花瓶里的七朵花展开。每朵花下面都有一个名牌。观察花瓣的颜色、形状等特征，将其与名牌上的数字或字母对应，可推知：

第一个字母代表花心的颜色（P= 蓝，T= 红，S= 绿，B= 黄）；

第二个字母代表花瓣的颜色（R= 蓝，O= 黄，L= 红，H= 绿）；

第三个字母代表花瓣的形状（分别为 A 型，O 型，I 型，U 型，E 型）；

第四个字母代表叶子的形状（分别为 N 型，L 型，T 型，S 型）；

最后的数字代表花瓣的数量。

观察弗里达头发上的花朵，根据前面得出的对应关系，就能依次得到 P、L、U、S、5，英文的"plus5"意为"+5"。

这意味着你要将此前得到的数列中的每个数字加5。于是，1、7、10、13、0、14 变成了 6、12、15、18、5、19。

最后一步是将数字转换为英文字母（转换规则为 1=A，2=B，以此类推），就能得到 F、L、O、R、E、S。

flores 在西班牙语中意为"花"，这就是你要找的口令。

白板

解开这道谜题的关键在于把萨伦——神秘的时空旅行者的所有假名都填入网格，第一个假名——Saren 已经填好了。

需填入的假名从上到下分别是：Saren、Aiden、Orfio、Artur、Vittu。边框加粗的方格里的字母非常重要，它们分别是 S、I、F、U、U。

最后，需要注意的是白板右下角的"−1"。分别找到字母表中 S、I、F、U、U 前一位的字母，就能得到你要发现的秘密——R、H、E、T、T，Rhett（瑞特）。

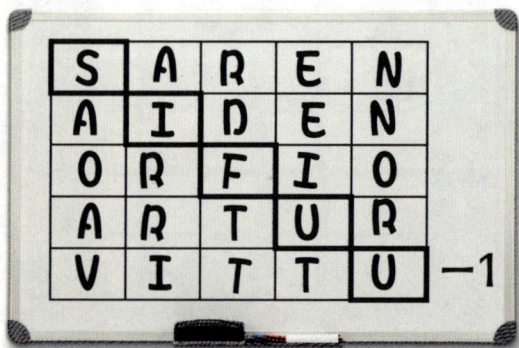

未来展区
日期

要找到代表未来年份的四位数，关键是要找到第 155 页《新乌托邦》、第 158 页带有线条的织物以及第 155 页名牌下方的四个图案之间的联系。

你如果剪下带线条的织物的图片，就会注意到上面的第一根线和最后一根线正好与《新乌托邦》的上下沿对齐。中间带编号的线与画中的几座建筑的顶部平齐，编号的排列顺序则需要参考第 155 页的四个图案来确定，因为它们画的正是建筑的顶部轮廓。

第一个图案与右起第二座建筑的顶部轮廓相同，相应的线条编号为 2，所以 2 就是四位数中的第一个数字；第二个图案与最高的建筑，即左起第二座建筑的顶部轮廓相同，对应数字为 4；第三个图案与最右边的建筑，也就是画中最矮的那座建筑顶部轮廓相同，对应数字为 1；最后一个图案画的是右起第四座建筑的顶部轮廓，对应数字为 0。

由此可知，年份是 2410 年。

地点

要解答这道谜题，需要把齿轮、金属旋钮和发光球体顶部符号所在的圆环都剪下来，并且把它们组装到一起。

最下层是第 161 页的齿轮，上面标有英文字母（A~X）。位于中间的是第 154 页的发光球体顶部符号所在的圆环，上面共有六个符号。最上层是第 160 页印有数字（1~6）的旋钮。

第 153 页发光球体侧面的符号提供了解开谜题的六条线索。这些线索告诉你每次如何组装齿轮、旋钮和发光球体顶部的圆环，并逐一揭晓组成答案的六个字母，从而得到一个单词，也就是你要找的答案。

第一条线索提示你要把数字 2 与"串有两个圆的竖线"的符号对齐，然后将最下层齿轮上的字母 G 与"方框内有两个圆"的符号对齐。这样，你顺着数字 1，就能找到字母 W，这就是答案的第一个字母。以此类推，可以依次得到字母 W、E、X、E、L、L。

因此，答案是 Wexell（维塞尔）。

未来

解谜顺序

为了找到正确的口令，你需要按照以下顺序来破解谜题：太空飞船—书—语音图标。这最终会指向一个此前出现过的名字。

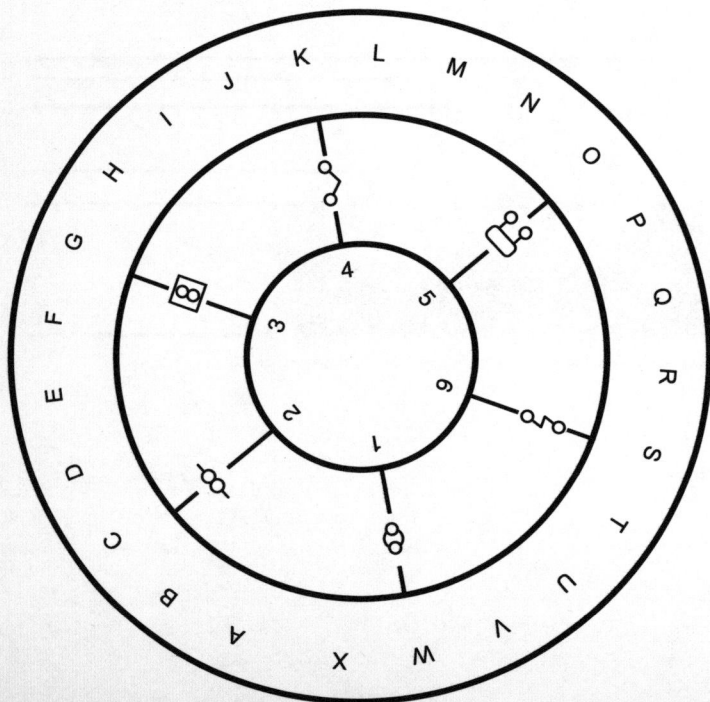

太空飞船

解开这部分谜题的关键在于太空飞船的平面图以及从 H-实验室前往医疗舱的路线。然而，第 169 页的维护日志表明，因各种各样的情况，某些舱室和走廊已关闭，所以只有一条路线可以到达医疗舱。

路线如下所示：H-实验室—船员舱—观测甲板—氧气舱—气闸舱—低温储藏区—舰桥—医疗舱。每个舱室都标有颜色，因此可以得到下列颜色序列：棕色—红色—蓝色—黑色—黄色—紫色—白色—绿色。

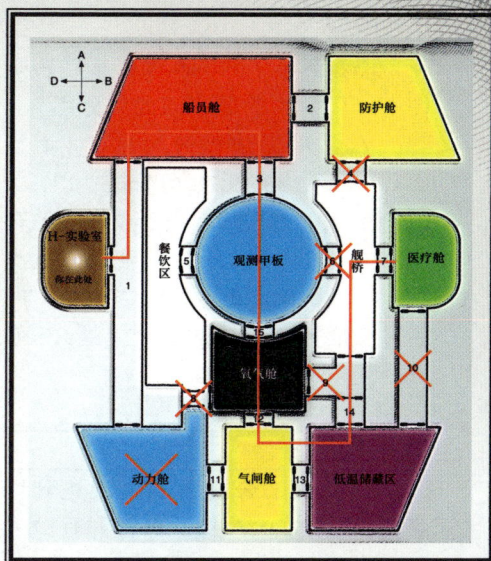

书

根据上一步得到的颜色序列重新排列搁架上的书。

所有书的出版年份都写在书脊上，尽管年份并没有完全对齐，但在书后面的墙上有一条线索——箭头所在的水平线可以贯穿所有年份中的一个数字，说明这条线上的数字很重要。沿着这条线从左到右可以得到以下数字：1、8、8、5、2、0、2、0。

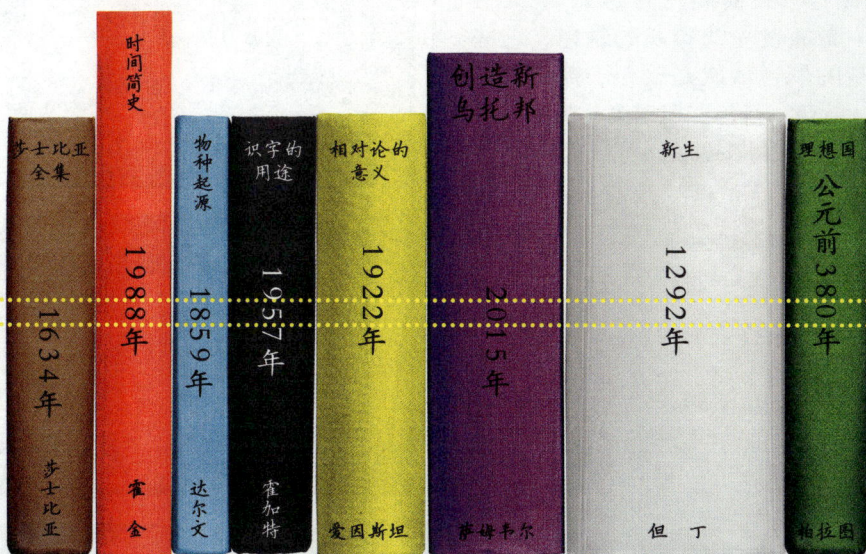

语音图标

语音图标下方的八条短横线表明在上一步得到的数字该如何分组。

八条短横线被分为 I__I_I_I__I，表明 18852020 可分成：18、8、5、20、20。通过数字与英文字母的转换（转换规则为 1=A，2=B，以此类推）可以得到字母 R、H、E、T、T，所以激活控制系统的单词就是 Rhett（瑞特）。

洞穴

解开这部分谜题的关键是利用萨普百合的 DNA 链，解谜过程分为三个步骤。

第一步要注意的是，四个字母（T、C、A 和 G）指的是 DNA 链中的不同碱基。请注意，不同字母代表的碱基有不同的颜色：G= 黄色，C= 粉色，A= 绿色，T= 蓝色。

第二步是观察竖直的五条未知 DNA 链，关键要注意这五条 DNA 链中微微发光的碱基的颜色。这些碱基的颜色依次是蓝色、黄色、蓝色、蓝色、蓝色。根据第一步中字母与颜色的对应关系，可以得到字母 T、G、T、T、T。

最后一步需要从垂下来的五条藤蔓上获取信息。数一数每条藤蔓上花的数量，依次为 2、2、0、0、1。将这些数字与从上一步得到的五个字母联系起来，找到英文字母表中分别排在这五个字母后面的字母（比如 1 意味着选择其后一位的字母），你将得到字母 V、I、T、T、U，所以你要找的单词就是 Vittu（维图）。

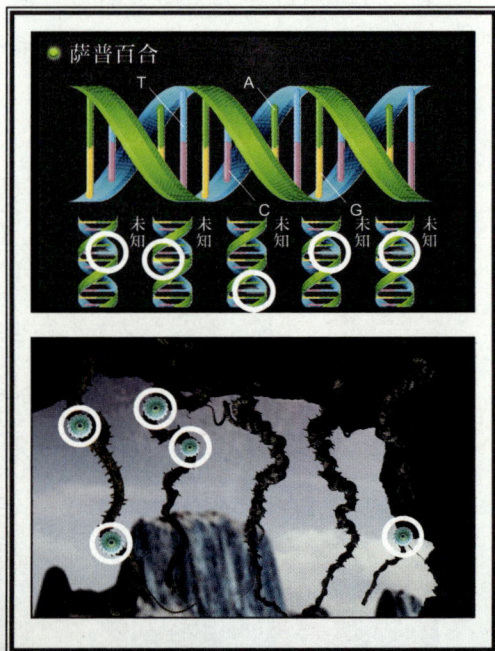

萨普百合

电源

    用太空飞船上的蓝色球体就可以给耳机充电。

最后的名字

    Vittu 是 Ivtut 的变位词，Ivtut 是第一章中木乃伊的名字。

IVTUT

ISBN 978-7-5714-4543-0

9 787571 445430 >

定价：88.00元

（套装产品，不单独售卖）